LE RECUEIL DE LA FALAISE VERTE

« Spiritualités vivantes »

MARYSE ET MASUMI SHIBATA

LE RECUEIL DE LA FALAISE VERTE

Kôans et poésies du Zen

Albin Michel

Albin Michel
■ *Spiritualités* ■

Collections dirigées
par Jean Mouttapa et Marc de Smedt

© Éditions Albin Michel, S.A., 2000
22, rue Huyghens, 75014 Paris

www.albin-michel.fr

ISBN 2-226-11539-0
ISSN 0755-1835

NOTE DES ÉDITEURS

Maryse et Masumi Shibata continuent à nous livrer le fruit de leurs recherches de textes, inédits en France, du Tch'an chinois et du Zen japonais. Ils nous offrent ici les dix-sept plus fameux *kôans* tirés du *Recueil de la Falaise verte*, qui est la bible des fameuses phrases énigmatiques parfois employées par les maîtres du bouddhisme extrême-oriental pour éveiller leurs disciples. Ces *kôans*, aussi appelés *Règles*, se trouvent commentés par les paroles de grands maîtres de la tradition, parfois tout aussi énigmatiques que les originaux. Mais l'ensemble se révèle d'une rare, et surréaliste, poésie.

Dans les autres parties de l'ouvrage, M. et M. Shibata nous font découvrir les poèmes d'un ermite chinois du IXe siècle, Han-chan, « la Montagne froide », puis un conte inoubliable de KUNI-KIDA Doppo, écrivain japonais de l'ère Meiji qui assista aux bouleversements vécus par le Japon traditionnel au XIXe siècle : *Le monde est lamentable et mélancolique*, et enfin des poèmes de

Sengaï (1750-1837) regroupés sous le titre *Le monde est éphémère mais je suis joyeux*.

Textes et poèmes font pénétrer les subtilités de « l'esprit d'éveil », cher au Tch'an et au Zen.

PRÉFACE

Ce livre est divisé en quatre parties :

1. Nous avons porté notre réflexion sur les dix-sept Règles du *Recueil de la Falaise verte* en nous aidant des pensées de six Maîtres éminents du Zen des XVIIe et XVIIIe siècles, en particulier celles de Ryôkei et de Hakuin. Parmi toutes ces Règles, notre préférence va à « Tch'ang-cha, printemps et automne (IV-1) » : elle a inspiré notre choix pour la couverture de ce livre qui représente « Le printemps à un temple du Zen de Kyôto (Tenryû-ji) ».

2. Poésies de la Montagne froide commentées par un choix d'auteurs d'Orient et d'Occident...

3. Un conte inoubliable de Kunikida Doppo.

4. Des poésies de Sengaï (1750-1837). Pour comprendre les poésies de Sengaï ayant pour sujet les enfants, la lecture du catalogue de l'exposition « L'enfant et l'ukiyo-e (Quotidien et fantastique dans l'estampe japonaise), organisée par la Maison de la culture du Japon à Paris, est vivement recommandée. On peut y voir « Enfant qui joue avec un chat », « Enfant qui apprend à calligra-

phier », « Enfants qui pointent leurs doigts en direction de la lune », « Enfants s'amusant dans la neige », « Enfants s'amusant à pêcher », « Enfants qui chassent des lucioles », « Espiègleries », etc.

Nous avons conçu personnellement les titres des poésies concernant la Montagne froide et celles de Sengaï.

PREMIÈRE PARTIE

Le Recueil de la Falaise verte

(extraits)

I

Nan-ts'iuan
(en jap. Nansen)
(748-834)

1. Ma-yu (en jap. Mayoku) (dates de naissance et de mort inconnues), Tchang-king (en jap. Shôkei) (756-815) et Nan-ts'iuan

Dans le *Recueil de la Falaise verte* figurent six Règles concernant Nan-ts'iuan. Nous en avons déjà évoqué une, la Règle 28, dans notre ouvrage récent : *L'Éveil subit*, Houci-hai, suivi de *Dialogues du Tch'an* (pp. 139-145). En conséquence, nous nous limiterons ici aux cinq autres.

Ma-yu, Tchang-king et Nan-ts'iuan sont, tous trois, disciples de Ma-tsou. Cette Règle 31 du *Recueil de la Falaise verte* met en évidence le Substantiel, les fonctions de lâcher et d'agripper et l'importance de la théorie. Voici :

Ma-yu était arrivé auprès de Tchang-king. Alors, il tourna trois fois autour de son siège, fit tinter une fois les clochettes de sa crosse, puis se redressa de toute sa hauteur splendide.

(*Ma-yu a fait la même chose que Yong-kia.*)
— (*Ma-yu a pu immédiatement surprendre le ciel et faire bouger la terre.*)

Yong-kia (665-713) est l'auteur de la *Chanson de l'Attestation de la Voie* (voir *Les Maîtres du Tch'an (Zen) en Chine*, pp. 155-172). Dans cette longue chanson nous apprécions tout particulièrement les deux vers suivants :

> *Toujours je vais seul,*
> *Toujours je marche seul.*

Ma-yu choisit ce « je » en fonction de son comportement lors de son arrivée auprès de Tchang-king. Si je traduis le premier « ajouter des mots », mot à mot, cela donne : « Ce qui se passa à Ts'ao-k'i et ce comportement de Ma-yu sont bâtis sur un même modèle. » Le Sixième Patriarche, Houei-neng, demeurait à Ts'ao-k'i et Yong-kia fut son successeur. Le premier « ajouter des mots » se moque des deux, Ma-yu et Yong-kia, qui utilisèrent le même moyen. Cependant, ce comportement de Ma-yu stupéfie les autres (le deuxième « ajouter des mots »).
Ryôkei « ajoute ses mots » : « D'où Ma-yu obtint-il ce Recueillement ? Je déteste vraiment que l'on dessine une gourde suivant un style fixé, ce n'est alors qu'une expression stéréotypée. »

> *Tchang-king dit : « Bien ! Bien ! »*
> (*C'est comme laver une motte dans la boue.*)

— (*Il enjôla complètement les compagnons de bord.*) — (*Qu'est-ce que cela signifie ?*) — (*Il est comme un pieu où l'on attache des ânes.*)

Ce « Bien ! Bien ! » est la fonction de lâcher. La première parenthèse signifie : « Même le comportement de Ma-yu est désagréable à voir, à fortiori l'attestation de Tchang-king : "Bien ! Bien !" est comme laver de la boue avec de l'eau bourbeuse. » La deuxième : « Ce "Bien ! Bien !" traite tout le monde avec dédain. » La quatrième : « Tchang-king n'est qu'un pieu, mais les gens y sont attachés bêtement. »

Ryôkei « ajoute des mots » : « Lorsqu'une mer est desséchée, on finit par en voir le fond. Lorsqu'un homme est mort, on ne peut pas lire les pensées du cours de sa vie. » (*Tout comme Tchang-king adopta la position du lâchage, Ryôkei prend la même position.*)

Siue-teou (980-1052) « ajouta des mots » : « Zut ! »
(*On ne devait pas lâcher.*) — (*Quelque chose manquait.*)

La première parenthèse indique que Yuan-wou (1063-1135) réagit de même que Siue-teou (980-1052), mais Yuan-wou ajouta dans la deuxième parenthèse que le « Zut ! » de Siue-teou n'était pas suffisant et qu'il fallait donner à Ma-yu les trente coups de bâton. Hakuin commente : « À la suite du "Bien ! Bien !" de Tchang-king, Ma-yu devait dire quelque chose, mais il resta muet. C'est maladroit, donc Siue-teou prononça "Zut !". Ce "Zut" est le mot le plus approprié. »

Ryôkei « ajouta des mots » au « Zut ! » de Siue-teou : « Dire ainsi n'est pas bon. »

Aussi, Ma-yu arriva auprès de Nan-ts'iuan, tourna trois fois autour de son siège, fit tinter une fois les clochettes de sa crosse et se redressa de toute sa hauteur, splendide.

(Comme d'habitude il lave une motte dans de la boue.) — *(Il apporte la même chose une fois encore.)* — *(Une langouste saute, mais elle ne peut pas sortir du vivier.)*

La troisième parenthèse signifie : « Ma-yu a beau faire un effort, il ne peut pas dépasser ce qu'il a déjà atteint. » Ryôkei « ajoute des mots » : « On a pu pacifier l'Annam, mais maintenant notre souci est la frontière du Nord. La rengaine ne vaut même pas une demi-sapèque. »

Nan-ts'iuan dit : « Pas bien ! Pas bien ! »

(Pourquoi n'accepte-t-il pas ?) — *(Il ne sourcille même pas pour anéantir Ma-yu.)* — *(Que signifient ces « Pas bien ! Pas bien ! » ?)*

Ryôkei « ajoute des mots » : « Quand on est mécontent, on tire une épée de son fourreau précieux. »

*Siue-teou (980-1052) « ajoute des mots » :
« Zut ! »*
(*On ne devait pas lâcher.*)

Ryôkei « ajoute des mots » : « Dire autrement n'est pas bon non plus. » Siue-teou prononça deux fois « Zut ! », pour anéantir le dualisme. Ryôkei fit de même à l'aide de deux commentaires : « Dire ainsi n'est pas bon » et « Dire autrement n'est pas bon non plus ».

À ce moment-là Ma-yu dit : « Tchang-king me dit "Bien !". Pourquoi, précepteur, dites-vous "Pas bien !" ? »
(*Lequel de ces trois : Tchang-king, Nan-ts'iuan et Ma-yu prend l'initiative ?*) — (*Depuis toujours Ma-yu suivait la langue des autres.*) — (*Ma-yu finit par la faillite.*)

Hakuin commente : « Ma-yu s'est pris lui-même en gage et il essaya de sonder la profondeur de Nan-ts'iuan. Prenant un air niais, inepte, abruti et lourdaud, il s'humilia. Cette attitude glace d'effroi le cœur de Nan-ts'iuan. Ma-yu n'est pas un homme à se laisser troubler par les paroles de quiconque. Dans les deuxième et troisième parenthèses Yuan-wou (1063-1135) sous-estime trop Ma-yu. »

Ryôkei « ajoute des mots » : « Lorsqu'un petit homme voit un spectacle théâtral, il se dresse ou reste immobile selon les gens qui sont devant lui. »

Nan-ts'iuan lui répondit : « Tchang-king a dit "Bien !", mais toi, tu es "Pas bien !". »
(Magnifique, lorsqu'on tue quelqu'un, il faut en voir le sang.) — (Si on veut du bien à quelqu'un, il faut aller jusqu'au bout.) — (Beaucoup de gens se trompent.)

Nan-ts'iuan lâche et agrippe librement. Selon Hakuin, Yuan-wou (1063-1135) sous-estime trop Ma-yu, en conséquence il commente mal dans cette première parenthèse. La deuxième parenthèse constitue une sorte de devise destinée à guider les étudiants. La troisième parenthèse signifie que non seulement Ma-yu mais que de nombreux hommes se sont aussi trompés.

Ryôkei « ajoute des mots » : « Voilà, un jugement pour Ma-yu. »

Nan-ts'iuan conclut : « Tes comportements sont issus de la force du vent et ils finiront par se perdre. »
(Comme on s'y attendait, Ma-yu a été enfermé par Nan-ts'iuan.) — (Nan-ts'iuan, montrez-moi vos comportements qui ne sont pas fonction de la force du vent.)

Selon une théorie du bouddhisme notre corps est composé de quatre éléments : terre, eau, feu et vent. Notre mouvement est une fonction du vent. Cette théorie figure dans le *Sûtra de l'Éveil complet* ou dans l'*Enseignement de Vimalakîrti*, et autres, et Ma-yu la connaît bien. Ma-yu ne faisait qu'agir tandis que Nan-ts'iuan exposait la théorie. Le Zen doit être pourvu de ces deux pans : action et théorie, pratique et logique.

Ryôkei « ajoute des mots » : « Pourquoi n'asse-nez-vous pas des coups de carcan ou de marteau dans le sens du Foncier ? Les dégoulinades ne sont pas peu nombreuses. »

2. Nan-ts'iuan et une fleur
(*Règle 40 du Recueil de la Falaise verte*)

Le Haut Fonctionnaire Lou Keng [en jap. Rikkô Taïfu] s'entretenait avec Nan-ts'iuan.

Ryôkei « ajoute des mots » : « On admire la barbe de Dupont et on rit de la bosse de Durand. » Lorsque deux personnes se rencontrent, générale-ment elles abordent quelque sujet banal, mais Lou Keng et Nan-ts'iuan sont différents.

Lou Keng : « Le Maître de la Loi Tchao [en jap. Jô Hosshi] déclara que le ciel et la terre ont la même racine que moi et que des milliers de choses ne font qu'un corps avec moi. Comme splendide et mystérieux ! »

(*Lou Keng voit en imagination des démons dans une grotte.*) — (*Un gâteau de riz dessiné n'assouvit pas la faim.*) — (*Il délibère aussi dans les herbes.*)

Hakuin commente : « Lou Keng a vu son Essence avec tant de difficulté. Alors il a trouvé que ses pensées étaient complètement identiques à la parole du Maître de la Loi Tchao et conséquemment il les a présentées à Nan-ts'iuan en citant cette parole du Maître Tchao. » La première parenthèse indique que Lou Keng stagne encore dans un faux égalitarisme ne sachant distinguer les spécificités. Les deuxième et troisième parenthèses encouragent à avoir ses propres pensées au lieu de faire des emprunts aux traités de Tchao.

Ryôkei « ajoute des mots » : « Le désordre règne dans les phénomènes. Quelle splendeur et quel mystère y aurait-il ? »

Nan-ts'iuan indiqua du doigt une fleur dans le jardin.

(*Y a-t-il quelque chose à dire ?*) — (*Fi !*) — (*Pour commenter les Sûtras il y a des professionnels des Sûtras. Pour commenter les traités il y a les spécialistes des traités. Ce n'est pas mon affaire. Je ne suis qu'un moine montagnard.*) — (*Fi !*) — (*Si un gaillard est capable de prononcer un mot débloquant à ce moment-là, il tranchera non seulement Nan-ts'iuan, mais de plus il fera revivre tous les moines de Chine.*)

Hakuin commente : « La deuxième parenthèse : Fi ! est lancé par Yuan-wou (1063-1135) face à la bêtise de Nan-ts'iuan. La troisième parenthèse est une parole de Nan-ts'iuan que Yuan-wou utilise pour le réprimander. La quatrième parenthèse : Fi ! est lancé à Lou Keng que Yuan-wou (1063-1135) réprimande. »

Nan-ts'iuan appela Lou Keng et il dit :

Ryôkei « ajoute des mots » : « Ne pointez pas aveuglément. »

« *Les gens d'aujourd'hui voient cette souche de fleurs comme en rêve.* »
(*J'ai exécuté un ouvrage de broderie représentant des canards mandarins, mâles et femelles, que je laisse à votre contemplation, mais je ne saurais vous enseigner la façon de manœuvrer des aiguilles à broder.*) — (*Ne soyez pas somniloque.*) — (*D'une branche de saule on fait descendre un rossignol chanteur.*)

Nan-ts'iuan s'exprime par « je » dans la première parenthèse. Dans la deuxième parenthèse, Yuan-wou (1063-1135) rabaisse Nan-ts'iuan, mais les fleurs de Nan-ts'iuan sont incomparablement plus belles que la chanson d'un rossignol qui va être arraché à sa branche. Yuan-wou finit par capituler devant Nan-ts'iuan (troisième parenthèse).

Ryôkei « ajoute des mots » : « Voilà ! Un morceau de bois carré est dans l'impossibilité de pénétrer dans un trou rond. La Perse entre dans la Chine, mais elle est toujours différente. » C'est une métaphore pour montrer que deux choses différentes ne peuvent s'harmoniser. Ne prenez pas à la légère l'union du sujet et de l'objet.

Nous présentons maintenant deux dialogues entre Nan-ts'iuan et Lou Keng qui montrent bien la perspicacité de Nan-ts'iuan.

1. Un jour, Lou Keng demanda à Nan-ts'iuan : « Un ancien nourrissait une oie domestique dans une bouteille. Cette oie grandit peu à peu et il lui fut impossible de sortir. Or, il ne voulait ni briser la bouteille ni nuire à l'oie. Précepteur, comment pourriez-vous la faire sortir ? »

Nan-ts'iuan appela Lou Keng.

Lou Keng acquiesça.

Nan-ts'iuan dit : « Elle est sortie. »

Lou Keng comprit et remercia.

2. Un autre jour, Lou Keng dit à Nan-ts'iuan : « J'ai compris à peu près la Vérité du Bouddha. »

Nan-ts'iuan lui demanda : « Comment êtes-vous pendant vingt-quatre heures ?

— Rien ne me perturbe.

— Vous êtes encore au-dessous de l'escalier. »

Ce deuxième dialogue nous montre combien Nan-ts'iuan était sévère pour conduire ses disciples. Au Moyen Âge où les Japonais ne connaissaient pas encore la philosophie occidentale, cette Règle 40 était considérée comme une critique du taoïsme. Ryôkei dit : « Les livres de Lao-tseu et de Tchouang-tseu insistent sur l'union entre la matière et le moi. Ils n'atteignent pas encore le Foncier. Leur principe n'est pas encore suffisant. Lou Keng avait raison de qualifier de "bizarres" les *Traités de Tchao*. » Il y a deux façons d'interpréter la déclaration de Tchao : élogieuse ou rabaissante. Si Lou Keng en fit l'éloge, on peut le traduire comme moi « splendide et mystérieux ». Si on l'interprète selon Ryôkei avec rabaissement, on peut le traduire par « bizarres ».

Depuis un siècle les Japonais se sont mis à étudier la philosophie occidentale et aujourd'hui ils interprètent cette déclaration de Tchao à la lumière des conceptions panthéiques ou de l'intuition artistique. M. TANABE Hajime, philosophe de l'université de Kyôto qui a consacré une partie de ses écrits à Paul Valéry et à Mallarmé, a médité profondément sur ce « kôan ». Il a utilisé la conception de la « Transparence » dans le sens de la philosophie occidentale pour interpréter la conclusion de Nan-ts'iuan. M. TANABE a trouvé là une coïncidence entre « Transparence » et « Pureté » dans le sens bouddhique.

Pour terminer, disons un mot sur le Maître de la Loi Tchao. Il était disciple du grand traducteur de textes bouddhiques Kumârajîva. Mais il était aussi expert en les pensées de Lao-tseu et de Tchouang-tseu. L'empereur demanda au moine Tchao une défroque afin de travailler sous son autorité. Tchao refusa et l'empereur le condamna à mort. Avant d'être exécuté il composa une poésie :

> *Les quatre éléments ne sont pas mon être.*
> *Les cinq agrégats sont originellement vides.*
> *Ma tête est en face du sabre.*
> *C'est comme de fendre le vent printanier.*

3. Nan-ts'iuan pourfend un chat
(*Règle 63 du Recueil de la Falaise verte*)

Un jour les moines des salles est et ouest discutaient à propos d'un chat.

(*Ils ne sont pas bruyants seulement aujourd'hui, mais ils interprètent aussi une scène de dégoulinade.*)

Hakuin commente : « Dans le monastère de Nan-ts'iuan des désœuvrés discutaient de toutes sortes de manières à propos de la question : "Quelle est l'Essence de Bouddha ?" »

Ryôkei : « Les mendiants de deux parties discutent à propos de bols de riz. »

Nan-ts'iuan le vit et il finit par soulever le chat. Il dit : « Si vous pouvez dire un mot, je ne le pourfendrai pas. »

(*La loi authentique doit être appliquée.*) — (*Trancher les dix directions.*) — (*Ce vieux a la capacité de distinguer le dragon du serpent.*)

Ryôkei « ajoute des mots » : « À cause de l'injustice Nan-ts'iuan adopte une position justifiable. Dites-moi, quelle faute a commis ce chat ? »

Personne ne put répondre.
(*Comme il est regrettable qu'ils aient laissé passer une bonne occasion !*) — (*Cette troupe de moines obscurcis comme des seaux remplis de laque. Sont-ils capables de faire quelque chose ?*) — (*Les bonzes du zen défectueux sont nombreux comme les graines de chanvre et de millet.*)

Ryôkei « ajoute des mots » : « Cette troupe d'imbéciles n'est pas capable de mettre fin à ses erreurs. »

Nan-ts'iuan pourfendit le chat.
(*Magnifique ! Magnifique !*) — (*Si Nan-ts'iuan ne pouvait pas se comporter ainsi, ces moines seraient tous du type qui joue avec une boule de boue.*) — (*On tend son arc, mais le bandit est déjà passé.*) — (*Cet acte est déjà secondaire.*) — (*Il aurait mieux valu donner un coup avant de soulever le chat.*)

Hakuin commente dans la troisième parenthèse : « Déjà tard. Il fallait pourfendre le chat au début de la discussion plutôt qu'au milieu. » Aussi, Hakuin choisit de préférence le mot « pourfendre » plutôt que l'expression « donner un coup », dans la cinquième parenthèse.

Ryôkei « ajoute des mots » : « L'ordre et la pratique du Bouddha sont transmis à jamais. Ses bienfaits sont trop grands pour répondre. »

Le romancier Mishima (1925-1970), universellement connu, médita ce *kôan* à fond. Voir l'ouvrage *Sermon sur le Zen*, paru dans cette collection, pp. 56-60. À la page 51, Dôgen évoque aussi ce *kôan* et nous ajoutons, à cette occasion, qu'à la page 43 il consacre dix lignes au *kôan* intitulé : « Nan-ts'iuan et une fleur » (cf. sous-chapitre précédent). Signalons également un passage de notre étude : *La Saveur du Zen* parue dans cette collection où nous révélons que Ikkyû réfléchit lui aussi au *kôan* « Nan-ts'iuan pourfend un chat », pp. 37-38.

4. Tchao-tcheou et la sandale en paille
(Règle 64 du Recueil de la Falaise verte)

Nan-ts'iuan rapporta l'histoire précédente à Tchao-tcheou.

(Pourvu qu'on ait la même pensée et la même volonté, on arrive.) — *(Des compagnons sur le même chemin peuvent le savoir.)*

Ryôkei « ajoute des mots » : « Renversant mers et montagnes Nan-ts'iuan cherche un ami. »

Alors, Tchao-tcheou quitta sa sandale en paille et la plaçant sur sa tête il sortit.
(Inévitablement la boue et l'eau éclaboussent Tchao-tcheou.)

Ryôkei « ajoute des mots » : « Le ciel est le ciel. La terre est la terre. Pour ce moment cessez de perturber. »

Nan-ts'iuan dit : « Si tu avais été là, tu aurais pu sauver le chat. »
(Le chœur et le percussionniste sont en totale harmonie.) — *(Les sympathisants cordiaux sont rares.)* — *(Tchao-tcheou a commis une erreur. Nan-ts'iuan aussi.)*

Ryôkei « ajoute des mots » : « Par pitié pour son enfant le père n'aperçoit pas la laideur de sa parole. »
Dans la Règle précédente, Nan-ts'iuan a pourfendu le chat pour trancher l'inscience des moines. Dans cette Règle 64, le comportement de Tchao-tcheou anéantit la pensée figée en général selon laquelle la sandale est en bas, donc méprisable, et la tête en haut, donc respectable. Renverser cette illusion est aussi tranchant que le sabre de Nan-ts'iuan.

5. *Nan-ts'iuan et un cercle*
(*Règle 69 du Recueil de la Falaise verte*)

Nan-ts'iuan, Kouei-tsong [en jap. Kisu] et Ma-yu [en jap. Mayoku] étaient partis ensemble afin d'aller saluer respectueusement le Maître national Houei-tchong [en jap. Echû, ? — 775]. En cours de route,
(*Lorsque trois hommes voyagent ensemble il y en a toujours un qui veut se comporter comme chef des deux autres.*) — (*Vous cherchez le Maître national. Quel prodige aurait-il ?*) — (*Aussi il faut saisir sans ambages le sens des actes de ces trois.*)

Ryôkei « ajoute des mots » : « Seulement je crains que ces trois prennent la tortue pour une tortue molle. »

Le Maître national Houei-tchong enseignait dans la capitale Tch'ang-ngan (aujourd'hui Xian) et nous avons évoqué sa vie en détail au chapitre « Houei-tchong de Nan-yang », dans : *Les Maîtres du Tch'an (Zen) en Chine*, pp. 185-197. Nan-ts'iuan, Kouei-tsong et Ma-yu étaient tous trois des disciples éminents de Ma-tsou qui enseignait dans la province du Kiangsi (aujourd'hui écrit Jiangxi) située au sud du Fleuve bleu.

Nan-ts'iuan traça un cercle sur le sol et il dit : « Si vous pouvez dire un mot, nous irons voir le Maître national. »

(*Il n'y a pas de vent, donc Nan-ts'iuan soulève une vague.*) — (*Mais on doit saisir la raison du comportement de Nan-ts'iuan.*) — (*Abandonnez le bateau qui coule sur terre.*) — (*Si Nan-ts'iuan ne mit pas à l'épreuve de cette façon les deux autres, comment pourrait-il constater sans ambages leurs niveaux ?*)

Ryôkei « ajoute des mots » : « Voilà, une affaire s'est produite. Inévitablement un tas d'os surgit sur la terre plate. »

Le cercle exprime symboliquement « complet ». Nan-ts'iuan n'éprouvait pas tellement le besoin d'aller voir le Maître national. Pour lui, chercher la Voie « ici et maintenant » était important. Le bateau qui coule sur terre (troisième parenthèse) ne sert à rien et il indique le cercle.

Kouei-tsong s'assit dans le cercle.

(*Si une personne tape sur le tam-tam, le compagnon de voyage comprend tout de suite.*)

Kouei-tsong montre qu'il est dans son assiette tranquille dans le « Complet ». Nan-ts'iuan et Kouei-tsong sont unis comme deux doigts d'une seule main.

Ryôkei « ajoute des mots » : « C'est une bonne occasion pour renverser Kouei-tsong d'un coup de pied. »

Alors, Ma-yu se courba, joignit les mains et baissa la tête.
(Lorsqu'une personne tape sur un tambourin, trois personnes communiquent entre elles.)

Ryôkei « ajoute des mots » : « C'est le point de vue de l'esprit d'un renard sauvage. » Ryôkei abaissait Kouei-tsong et Ma-yu, mais son intention réelle était de les taquiner.

Nan-ts'iuan dit : « Si c'est ainsi, n'allons pas voir le Maître national. »
(Nan-ts'iuan surpassa Kouei-tsong et Ma-yu en cours de route. Comme il est magnifique !) — (Il joue une belle mélodie.) — (Comme il est habile ! Comme il est habile !)

Ryôkei « ajoute des mots » : « Pourquoi n'avez-vous pas dit plus tôt ? Kouei-tsong exprimait la dignité d'un hôte et Ma-yu observait l'étiquette propre à un visiteur. Sans être parvenus à Tch'ang-ngan, ils ont pu voir le Maître national. Pourquoi faudrait-il parcourir une aussi longue distance ? »

Kouei-tsong dit : « Quelle spéculation compliquée ! »
(Heureusement Kouei-tsong a pu découvrir le stratagème de Nan-ts'iuan.) — (Il fallait gifler Nan-ts'iuan à ce moment-là.) — (Kouei-tsong, tu es un homme violent sans raison.)

Ryôkei « ajoute des mots » : « Kouei-tsong, tu dois savoir toi-même. » Ryôkei a pris ce dernier mot de Kouei-tsong dans le sens : « Qu'est-ce qu'ils échangent par ces comportements ? » Donc, il conseilla de savoir soi-même. Plus haut, nous avons vu Yuan-wou (1063-1135) et Hakuin estimer la conclusion de Kouei-tsong.

Cette Règle a pour but de faire connaître que le Maître se situe à l'intérieur de chacun de nous. L'homme seul n'est pas un Maître, mais tous les phénomènes peuvent être un Maître.

Les cent Règles du *Recueil de la Falaise verte* sont mises en place au hasard. Nous avons choisi de les présenter en ordre chronologique et de rassembler les Règles concernant chaque Maître en chapitres distincts. Ainsi, cela permet de découvrir les caractéristiques de chacun. Nan-ts'iuan ou Tchao-tcheou et Yun-men évoqués plus loin deviennent ainsi plus accessibles.

Les Règles concernant Nan-ts'iuan sont toutes excellentes, mais Hakuin a surtout fait l'éloge du *kôan* : « Nan-ts'iuan et une fleur. » Voici :

« Grâce à ce *kôan* je fus forgé jusqu'aux os par mon Maître Shôju. Chaque fois que je rencontre ce *kôan*, mes poils se hérissent d'horreur. À trois reprises, après avoir saisi profondément ce *kôan*, enfin je connus la Grande Paix. Vraiment ce *kôan* est l'un des plus difficiles à résoudre parmi les cent Règles du *Recueil de la Falaise verte*. Si on comprend vraiment ce *kôan*, on peut résoudre facilement toutes les Règles. »

II

Tchao-tcheou
(en jap. Jôshû)
(778-897)

1. Quatre portes de Tchao-tcheou
(Règle 9 du Recueil de la Falaise verte)

Un moine demanda à Tchao-tcheou : « Qu'est-ce que Tchao-tcheou ? »
(Hebei et Henan.) — (On ne peut pas du tout en parler.) — (La boue putride contient des épines.) — (Si Tchao-tcheou n'est pas situé en Henan, justement il est situé en Hebei.)

Ryôkei « ajoute des mots » : « Ce moine portait cette question sur les épaules. »
Tchao-tcheou est à la fois le nom du lieu où il demeurait (province du Hebei) et celui de ce Maître très renommé. Cette question astucieuse a tendu un piège : si Tchao-tcheou prend la question dans le sens du nom du lieu, le moine a tendance à répondre : « Non, je ne vous parle pas de lieu, mais d'homme. » Et vice versa. Comme la troisième parenthèse nous l'explique, cette question

présente des épines, mais la réponse de Tchao-tcheou est très banale. Hakuin fait un très grand éloge de cette quatrième parenthèse.

Tchao-tcheou répondit : « Porte est, porte ouest, porte sud et porte nord. »
(Ouvertes !) — (Je te permets de m'insulter en bougeant sans cesse ton bec. Je te permets de cracher sur moi comme si tu versais de l'eau.) — (Ce que vous voyez devient kôan.) — (Comprenez-vous ?) — (Alors, je te donne un coup de bâton.)

Ryôkei « ajoute des mots » : « Même s'il en est ainsi [séparés en quatre directions], à part, il y a une Direction à travers le ciel. »

La question de ce moine concerne à la fois l'homme et la chose (ici le lieu) ou le sujet et l'objet. En conséquence, la réponse de Tchao-tcheou doit présenter l'« Un » du sujet et de l'objet. Tchao-tcheou indiqua l'objet (les quatre portes de la ville), mais ces quatre portes sont ouvertes comme l'esprit de Tchao-tcheou (les première et deuxième parenthèses). Les objets que vous voyez se transforment en *kôan* (problèmes de la recherche), c'est-à-dire en sujets. Quant à « donner un coup de bâton », il y a deux sens à son exécution : punition ou encouragement. Ici Yuan-wou (1063-1135) encourage les chercheurs pour résoudre ce *kôan* des « Quatre portes de Tchao-tcheou ».

2. Tchao-tcheou et les grands radis
(Règle 30 du Recueil de la Falaise verte)

Un moine demanda à Tchao-tcheou : « J'entends dire que vous, précepteur, avez vu vous-même Nan-ts'iuan. Est-ce vrai ? »
(Il vaut mieux voir une fois qu'entendre mille fois.) — (Salue !) — (Il faut voir clairement.)

Ryôkei « ajoute des mots » : « À quoi sert de compter les trésors précieux qui appartiennent à quelqu'un d'autre ? »

Tchao-tcheou lui répondit : « La province Tchen produit de grands radis. »
(Cette réponse soutient le ciel et supporte la terre.) — (Elle coupe le clou et tranche le fer.) — (La flèche passa à Silla.) — (Il faut prendre garde à un homme dont la mâchoire inférieure est visible de l'arrière. Donc, il vaut mieux ne pas le contacter.)

Dans la troisième parenthèse, « Silla » est le nom d'un ancien royaume de la Corée. Elle signifie qu'on ne peut pas deviner le sens de la réponse de Tchao-tcheou. La flèche a disparu en un endroit très lointain. La quatrième parenthèse signifie qu'il faut être vigilant devant Tchao-tcheou dont la parole ne peut être mâchée.

Ryôkei « ajoute des mots » : « On peut parler

sur n'importe quoi, mais il vaut mieux avoir de bonnes sources. »

Nan-ts'iuan et Tchao-tcheou sont deux grands Maîtres renommés du Tch'an (Zen). Naturellement, ce moine sait bien que Tchao-tcheou est disciple de Nan-ts'iuan. Sa question a un sens plus profond au travers de ces termes : « Avez-vous succédé à Nan-ts'iuan dans la Loi ? » La réponse du Zen (Tch'an) est très percutante : « C'est à Moi que j'ai succédé » ou « Je n'ai pas de Maître ». Lorsqu'un Maître du Zen (Tch'an) fonde un temple, il répète maintes fois : « Il n'y a pas de fondateur de ce temple. » Ce qui provoque une réponse réaliste comme celle de Tchao-tcheou dans cette Règle.

3. Tous les phénomènes et l'Un
(*Règle 45 du Recueil de la Falaise verte*)

Un moine demande à Tchao-tcheou : « Tous les phénomènes reviennent à l'Un. Où l'Un revient-il ? »

(Ce moine soumet le vieux Tchao-tcheou à un interrogatoire serré.) — (Ce moine porte sur ses épaules une question lourde comme des montagnes.) — (On ne doit pas conjecturer de toutes manières dans une grotte de démon.)

Ryôkei « ajoute des mots » : « L'Un revient dans tes narines. »

Tchao-tcheou lui répond : « Lorsque j'étais dans la province de Ts'ing, j'ai fait coudre un habit d'été en toile de chanvre. Il pesait sept kin. »

(Voilà, Tchao-tcheou travaille librement.) — (Il a étalé un filet couvrant le ciel entier. Aucun moine ne peut en sortir.) — (Avez-vous vu l'esprit de Tchao-tcheou ?) — (Il a pu tordre le nez des moines.) — (Comprenez-vous ce que Tchao-tcheou veut indiquer ?) — (Si vous pouvez le voir, vous pouvez déclarer comme le Bouddha Sâkya-muni : « Au-dessus et au-dessous du ciel le MOI seul est vénérable ! ») — (Lorsque l'eau arrive, un fossé est formé. Lorsque le vent souffle, les her-bes s'inclinent.) — (Si vous ne comprenez pas ce que Tchao-tcheou veut indiquer, Tchao-tcheou sera sous vos pieds.)

Un kin = 604,53 g (d'après le *Petit Diction-naire chinois-français*, dû au P.A. Debesse, S.J.). Mais ce nombre n'a pas de sens dans cette Règle. Tchao-tcheou relate seulement le fait. Bien que Hakuin ait fait un grand éloge de la dernière parenthèse en l'admirant : « Devant cet "ajouter des mots" de Yuan-wou (1063-1135), même Siue-teou (980-1052) aura le souffle cou-pé », ces commentaires de Yuan-wou sont trop pêle-mêle, sens dessus dessous et confus (huit parenthèses !).

L'« ajouter des mots » de Ryôkei est beaucoup plus simple : « La parole sans goût de ce vieux bandit musèle tout le monde. »

Maître Hisamatsu a enseigné à l'auteur sa propre réponse à cette Règle : « L'Un revient à tous les phénomènes. » Maître Shoeki (1572-1650) répondit : « Quoi, où l'Un revient-il ? Voilà, devant tes yeux et devant tes pieds, sont tous les phénomènes à l'infini. » La dernière parenthèse (huitième « ajouter des mots ») de Yuan-wou a le même sens.

Le poète de haïku Bashô (1644-1694) reçut la visite de son Maître du Zen Bucchô en son ermitage. Bucchô lui demanda :

« Quelle est la Loi [Vérité] du Bouddha dans ce jardin calme planté ?

— Feuilles, feuilles, les grandes sont grandes et les petites sont petites.

— Aujourd'hui, quelle affaire avez-vous ?

— La pluie est passée et les mousses vertes sont mouillées.

— Comment est le moment précédant l'apparition des mousses vertes et avant l'arrivée des pluies printanières ?

— Une raine en saut plongeant :

L'eau en rumeur. »

Plus tard, Bashô demanda à ses disciples de composer un haïku sur la base de ces deux lignes. L'un d'eux ajouta son sentiment à la tête de ces deux lignes : « Comme c'est mélancolique ! » Un autre précisa le temps : « À la tombée de la nuit, ». Le troisième élargit l'atmosphère : « Kerries en pleine floraison, ». Toutes ces propositions ne plurent pas à Bashô et il perfectionna les deux lignes en ajoutant au début :

« Une vieille mare — »

4. Tchao-tcheou, ânes et chevaux
(*Règle 52 du Recueil de la Falaise verte*)

Un moine demande à Tchao-tcheou : « Depuis longtemps j'ai entendu le pont de pierre de Tchao-tcheou. Il est très renommé, mais en arrivant ici je ne vois qu'une passerelle faite d'un tronc d'arbre. »

(Il y a un homme qui vient à promener sa main sur la barbe du tigre.) — (Mais ce comportement est propre et naturel au moine.)

Ryôkei « ajoute des mots » : « Ce moine croyait que le pont de Tchao-tcheou était grandiose et prodigieux. »

Tchao-tcheou lui répond : « Tu ne vois qu'une passerelle faite d'un tronc d'arbre. Et tu ne vois pas le pont en pierre. »

(Tchao-tcheou avait pour habitude de saisir l'occasion pour conduire quelqu'un au Foncier.)

— (*Ce vieux Tchao-tcheou se vendit dans ce but.*)

Ryôkei « ajoute des mots » : « Combien de personnes une fontaine profondément cachée par les herbes fait-elle chuter ? »

Le moine lui demande : « Quel est le pont en pierre ? »
(*Ce moine mordit à l'hameçon.*) — (*Voilà !*)

Ryôkei « ajoute des mots » : « Voilà ! Ce moine finit par perdre ses jambes. »

Tchao-tcheou lui répond : « Le pont de Tchao-tcheou fait passer les ânes et les chevaux. »
(*Tchao-tcheou a jeté un filet.*) — (*En conséquence immédiate : les hommes sur toute la terre ne peuvent plus respirer.*) — (*Une fois mort, ce moine ne peut plus revivre.*)

Ryôkei « ajoute des mots » : « La dégoulinade n'est pas rien. Bah ! »
La ville nommée Tchao-tcheou possède un pont de pierre renommé en Chine. Ce moine posa la première question pour abaisser intentionnellement la dignité de Tchao-tcheou. Tchao-tcheou le pêcha par une réponse banale. En effet, ce moine le suivit (mordit à l'hameçon) et posa la deuxième question. La réponse de Tchao-tcheou signifie qu'il sauve les êtres vivants comme le pont de

Tchao-tcheou fait passer les ânes et les chevaux. Réponse magnifique ! Pour le dialogue il n'utilise ni un bâton pour frapper ni la profération d'un *Khât !*, mais des paroles sublimes. Voici deux exemples :

1. Un jour, Tchao-tcheou était en train de balayer. Un moine lui demanda :

« Précepteur, vous êtes un ami de bien. Pourquoi avez-vous des poussières ?

— Elles viennent du dehors. »

Cette réponse signifie que c'est toi qui apportes les poussières. Un autre moine lui demanda :

« Les temples sont purs. Pourquoi ont-ils des poussières ?

— Voici, encore une poussière. »

2. Un jour, un moine l'interrogea :

« Quelle est la Voie ?

— Au-delà de la haie.

— Je ne vous demande pas cela, mais la grande Voie.

— La grande Voie nous mène à Tch'ang-ngan [la capitale à cette époque, Xian, d'aujourd'hui]. »

5. *Tchao-tcheou et le cœur pur* (*Règle 80 du Recueil de la Falaise verte*)

Un moine demande à Tchao-tcheou : « Le cœur pur comme celui d'un enfant ne tombe-t-il pas dans le quiétisme ? »

(C'est un ressort comme l'éclair.) — *(Pas besoin de citer un cœur pur comme celui d'un enfant.)*

Ryôkei « ajoute des mots » : « Peux-tu ressembler à un enfant ? »

Tchao-tcheou lui répond : « Un ballon sur un torrent. »
(La réponse passa !) — *(Le faucon pèlerin rapide veut l'attraper [cette réponse], mais il n'y parvient pas.)* — *(Il faut l'examiner soigneusement.)*

Ryôkei « ajoute des mots » : « Si vous clignez des yeux, vous trébucherez. »
Parmi les exercices bouddhiques, l'exercice de l'enfant est le plus important. Les chercheurs de la Voie doivent s'évertuer à garder un cœur pur comme celui d'un enfant. Il faut qu'ils se détachent de la discrimination et de la différenciation. Le ciel et la terre sont sans conscience, en conséquence ils sont permanents et pour cette raison ils entretiennent durablement des milliers de choses. S'ils étaient avec conscience, ils auraient une limite.
La devise de Tchao-tcheou était : « Ne sois pas employé par les vingt-quatre heures, mais emploie-les. » Nous nous plaignons toujours, « occupés ! occupés ! » (torrent), mais comme un ballon roulez librement dans la vie quotidienne.

Aussi, ce moine demanda à T'eou-tseu (819-914) : « Que signifie "Ballon dans le torrent" ? »
(T'eou-tseu est un Maître habile que ce moine veut tester, comme il l'a fait pour Tchao-tcheou.)
— (Mais, moine, mieux vaudrait comprendre toi-même plutôt que d'examiner autrui.) — (La question passa.)

Ryôkei « ajoute des mots » : « Ce moine s'interrogeait une fois comme un renard et encore une fois il s'interroge comme un renard. »

T'eou-tseu lui répond : « Le courant ne s'arrête pas à chaque instant. »
(Ce T'eou-tseu fabrique une liane parasite.)

Ryôkei « ajoute des mots » : « En moins de temps qu'il ne faut pour le dire. Hier aussi le temps passait du matin au soir. Aujourd'hui aussi le temps passe du matin au soir. » « Le courant ne s'arrête pas à chaque instant » est une expression à la manière chinoise de « la pure durée » de Bergson. Il y a similitude entre la pensée bergsonienne et le Tch'an (Zen). Dans l'*Essai sur les données immédiates de la conscience*, Bergson nous dit : « On appelle liberté le rapport du moi concret à l'acte qu'il accomplit. Ce rapport est indéfinissable, précisément parce que nous sommes libres. »
Quant au Tch'an (Zen), « Houai-jang, de Nan-yo, se rendit au mont Ts'ao-k'i afin d'y rencontrer

le Sixième Patriarche. Celui-ci lui demanda : "Qui vient ainsi ?" Sur le moment, il fut incapable de répondre. Il concentra sa réflexion sur cette question pendant huit années. Il rencontra à nouveau le Sixième Patriarche et lui dit : "Si mon explication ressemble à quoi que ce soit, alors elle n'est pas juste..." »

Ce Houai-jang, de Nan-yo, fut beaucoup étudié au Japon par les Maîtres du Zen Dôgen et Musô et aussi par le philosophe TANABE Hajime.

6. Tchao-tcheou et les trois Bouddhas
(*Règle 96 du Recueil de la Falaise verte*)

Tchao-tcheou enseignait aux moines de la communauté : « Les statues du Bouddha en boue ne peuvent pas traverser l'eau. Les statues du Bouddha en or ne peuvent pas traverser l'âtre. Les statues du Bouddha en bois ne peuvent pas traverser le feu. »

(Dans les cieux et sur la terre, il n'y a que le MOI *de vénérable.)*

Ryôkei « ajoute des mots » : « Ce vieux Tchao-tcheou expulse les aspects et les noms pour vous faire franchir votre Terre foncière. »

Les moines s'inclinent respectueusement plusieurs fois par jour devant les statues du Bouddha. En conséquence, ils sont sujets à imaginer le

Bouddha tel que les représentent les statues.
Tchao-tcheou leur enseignait de se détacher des
aspects et des marques pour chercher le vrai
Bouddha.

III.

Éventail, danse et neige

1. Yen-kouan (en jap. Enkan) et l'éventail (Règle 91 du Recueil de la Falaise verte)

Un jour Yen-kouan appela son suivant et lui demanda : « Apportez-moi l'éventail au rhinocéros. »

(Yen-kouan a produit des lianes parasites. Ce n'est pas peu.) — (C'est semblable à une Bonne Nouvelle.)

Ryôkei « ajoute des mots » : « On oblige un ver à soie vivant de filer son cocon. »

Il s'agit d'un éventail dont l'ossature est en corne de rhinocéros. Hakuin fit un éloge suprême de cette Règle : « Il n'y a pas une meilleure Règle dans tout le *Recueil de la Falaise verte*. Elle est supérieure à la Règle 8 (dont le titre est "Ts'ouei-yen [en jap. Suigan] à la fin de l'été") renommée pour sa difficulté incompréhensible. » Yen-kouan était disciple de Ma-tsou.

Le suivant lui répondit : « L'éventail est déchiré. »

(Regrettable !) — (Bonne Nouvelle.) — (Que dites-vous ?)

Hakuin commente : « Ce suivant est honnête, mais il a fait un faux pas. Il fixait ses yeux sur la lune dans le ciel et, en revanche, il perdait une perle dans sa main. » Sa réponse exprime une négation, donc une Bonne Nouvelle pour le Zen. « Que dites-vous ? » signifie : « La négation n'est pas mal, donc répétez une fois encore et approfondissez plus. »

Ryôkei « ajoute des mots » : « Heureusement, de cette façon pas d'histoire. »

Yen-kouan dit : « Si l'éventail est déjà déchiré, rendez-moi le rhinocéros. »

(La dégoulinade n'est pas peu.) — (La première demande du Maître est encore passable, mais la deuxième est la plus pénible.) — (Précepteur, à quoi cela sert-il d'utiliser un rhinocéros ?)

La dégoulinade signifie que par excès de bonté, le Maître enseigne trop au disciple.

Ryôkei « ajoute des mots » : « Qu'appelez-vous rhinocéros ? C'est le MOI, n'est-ce pas ? »

Le suivant ne put pas répondre.

(Voilà, il ne sert à rien, comme un marteau en fer sans trou.) — (Regrettable !)

Le marteau sans trou n'a pas de manche, donc il est inutile.

Ryôkei « ajoute des mots » : « Comme c'est misérable ! Les narines de ce suivant sont entre les mains d'autrui. »

T'eou-tseu (819-914) a dit : « Si j'avais été à la place du suivant, j'aurais dit : "Je ne vous refuse pas d'amener le rhinocéros, mais je crains que sa tête et sa corne ne soient pas intactes." »

T'eou-tseu présenta le côté négatif, c'est-à-dire qu'il mit en évidence le Néant (ou le Rien). Ryôkei « ajoute des mots » : « Le MOI est sans manque ni surplus. Pourquoi n'est-IL pas intact ? »

(L'« ajouter des mots » de T'eou-tseu nous semble parfait, mais tel un fantôme à deux têtes et trois faces, il n'est pas précis.) — (Lui aussi prêche la théorie.)

Siue-teou [980-1052] se tortilla en disant : « Moi, j'ai besoin de sa tête et de sa corne qui ne sont pas intactes. »

(À quoi sert votre demande ?) — (T'eou-tseu commettait une erreur, mais Siue-teou aussi.)

Ryôkei « ajoute des mots » : « Siue-teou, que voulez-vous faire ? »

T'eou-tseu et Siue-teou, quelles erreurs commettaient-ils ? Le Néant (ou le Rien) présenté unilatéralement par T'eou-tseu ne sert à rien, mais Siue-teou veut L'utiliser, c'est une erreur.

Che-chouang [809-888, en jap. Sekisô] dit à Yen-kouan :
« *Précepteur, je n'ai rien à vous rendre.* »
(*Que dites-vous ?*) — (*Vous l'avez tellement que vos narines sont bousculées.*)

Hakuin commente : « Quoi ! Vous dites "rien", mais le rhinocéros (MOI) est partout et il remplit vos narines. »
Ryôkei « ajoute des mots » : « Ce gaillard qui se satisfait de son niveau. »

Siue-teou (980-1052) se tortilla en disant : « Le rhinocéros subsiste encore. »

Le rhinocéros (MOI) est inépuisable. Même si on le rend au maximum, il subsiste encore.

(*Abrupt !*) — (*Che-chouang, tu faillis presque te tromper.*) — (*Va-t'en, ta tête entre tes mains !*)

Ryôkei « ajoute des mots » : « On doit s'emplir de joie. On ne peut faire cadeau à autrui. »

Tse-fou [en jap. Shifuku] dessina un rond au milieu duquel il traça le caractère chinois « bo-vidé ».

Rhinocéros, mot grec (*rhinos* = nez ; *keras* = corne). Les deux caractères chinois qui composent rhinocéros comportent, tous deux, le mot bovidé. C'est pourquoi Tse-fou traça le caractère chinois « bovidé ».

(*Pas la peine de nous présenter une écriture aussi maladroite.*) — (*Gaillard qui joue l'ombre.*)

Ryôkei « ajoute des mots » dans le même sens : « Moi, moine montagnard, n'ai pas besoin de trace de l'ombre. »
Hakuin commente : « Ce comportement de Tse-fou montre bien la caractéristique douce de l'école Kouei et Yang à laquelle il appartient. » Hakuin fait l'éloge de cette école au travers d'une poésie élégante :
> Sur le brocart des fleurs sont ajoutées.
> Voilà, un autre printemps.

Siue-teou se tortilla en disant : « Pourquoi vous ne me l'avez-vous pas apporté plus tôt ? »
(*Siue-teou, vous ne pouvez pas distinguer si Tse-fou est d'or ou de laiton.*) — (*Je pense que Tse-fou aussi est un gaillard dans les herbes.*)

Ryôkei « ajoute des mots » en tant que réponse à Siue-teou : « C'est seulement parce que le rhinocéros (MOI) est insaisissable. »

Pao-fou [mort en 928, en jap. Hofuku] dit pour ce suivant : « Précepteur Yen-kouan, vous êtes âgé. Je vous prie d'interroger quelqu'un d'autre que ce suivant. »

Cette réponse de Pao-fou signifie : « Vous êtes déjà avancé en âge et tombé dans le gâtisme. Je ne suis pas apte à vous rendre service. Il vaut mieux chercher quelqu'un. » Cela veut dire que Pao-fou n'a pas besoin de l'inspection du Maître.

(Pao-fou est comme les gens du peuple qui disent du mal des fonctionnaires dans leur dos.) — (À quoi sert de se plaindre des épreuves ?)

Hakuin dit : « Pao-fou, à ton corps défendant tu n'es pas digne d'être suivant. »

Ryôkei « ajoute des mots » : « Consacre ta vie à la Loi ! » Selon lui la réponse de Pao-fou est la plus appropriée. Le grand Maître de l'Engaku-ji à Kamakura, Imakita Kôsen (mort en 1892) lui aussi fit les louanges des mots de Pao-fou : « Ils sont magnifiques et superbes. Ils contiennent le rhinocéros (MOI) et c'est très intéressant. »

Siue-teou se tortilla en disant : « Peiner pour le sans-mérite. C'est regrettable. »

(Siue-teou lui-même compte parmi les gens qui peinent pour le sans-mérite.) — (C'est une bonne occasion de lui donner trente coups de bâton.) — (Brillant !)

« Peiner pour le sans-mérite », Hakuin dit que si on comprend jusqu'au fond le sens de cette phrase, on peut se procurer l'essence du *Recueil de la Falaise verte*. Dans la deuxième parenthèse, trente coups donnés à Siue-teou et à Pao-fou en disaient trop. « Brillant ! » est l'éloge de la dernière parole de Siue-teou.

Ryôkei « ajoute des mots » : « Les bêtes peinent pour le sans-mérite. À quoi cela sert-il de le regretter ? »

Descartes lui-même considérait l'animal comme une machine.

2. Kin-nieou (*en jap.* Kingyû) *danse devant la salle d'exercice* (*Règle 74 du Recueil de la Falaise verte*)

Juste avant chaque repas, le précepteur Kin-nieou portait lui-même un bac de riz, dansait devant la salle d'exercice, éclatait de rire à haute voix et disait :

« Mes enfants, héros d'Esprit d'Éveil ! Venez manger ! »

Yuan-wou (1063-1135, en jap. Engo) commenta : « Kin-nieou est l'un des meilleurs disciples de Ma-tsou. Selon cette Règle, il se comporta ainsi pendant vingt ans. Quelle intention avait-il ? Pour avertir que le repas était prêt, il n'avait simplement qu'à donner le signal avec des coups de gong dans le réfectoire, selon l'habitude. Il n'avait pas besoin de danser avec un bac de riz devant la salle d'exercice. » De là, il « ajoute des mots » :

(*Je vous [Kin-nieou] laisse jouer de la ligne de pêcheur.*) — (*Kin-nieou ne perturbe pas les vagues pures, mais son intention se distingue d'elle-même.*) — (*Sa pratique est à la fois necta-rée et venimeuse.*) — (*C'est bien, je l'admets.*) — (*Il étale, tous à la fois, tous les trésors pré-cieux.*) — (*Mais, ceux qui le rencontrent sont rares. Que faire ?*)

Ryôkei « ajoute des mots » : « Sa pratique est à la fois nectarée et venimeuse. »
Selon Hakuin, « venimeuse » a pour rôle de tuer l'intellection et la conjecture et, grâce à cette « ve-nimeuse », « nectarée » apparaît.

Siue-teou (980-1052) dit : « Bien qu'il soit ainsi, Kin-nieou n'a pas bon cœur. »
(*Un bandit connaît un autre bandit et un esprit connaît un autre esprit.*) — (*Celui qui vient à juger le bien ou le mal est homme de bien ou de mal.*)

Qui n'a pas honte d'être appelé « héros d'Esprit d'Éveil » ? « Celui qui vient à juger le bien ou le mal » désigne Siue-teou qui dit : « Kin-nieou n'a pas bon cœur. »

Ryôkei « ajoute des mots » : « Le clair de lune illumine un passant dans la nuit et on peut le voir. »

Un moine demanda à Tch'ang-k'ing [en jap. Chôkei] : « Un Ancien a dit : « Mes enfants, héros d'Esprit d'Éveil ! Venez manger ! » Qu'est-ce que ça signifie ? »

(*Il n'est pas interdit de poser une question.*) — (*Originellement, ce moine ne sait pas dans quelle direction va le dialogue.*) — (*Quelle sera la réponse de Tch'ang-k'ing ?*)

Ryôkei « ajoute des mots » : « Moi aussi je voudrais savoir. »

Tch'ang-k'ing lui répondit : « Cela ressemble beaucoup à faire un éloge avec grande joie à l'occasion du repas. »

(*Il donna une instruction selon l'apparence du lieu.*) — (*Il porta un jugement selon une loi basée sur un aveu.*)

Ryôkei « ajoute des mots » : « De quoi fait-il l'éloge avec une aussi grande joie ? Bandit ! Bandit ! » Ce « Bandit ! » qualifie un Maître du Zen excellent qui supprime chez les pratiquants tout égarement et cupidité et qui les conduit à l'Éveil.

Hakuin aussi prononça un grand éloge de la

réponse de Tch'ang-k'ing : « Cette parole est difficile à comprendre. Elle a une nuance fine comme
la soie. Elle s'associe complètement au comportement de Kin-nieou. »

3. Ta-kouang (en jap. Daïkô) danse aussi
(Règle 93 du Recueil de la Falaise verte)

Un moine demanda à Ta-kouang : « Que signi-
fie "faire l'éloge avec grande joie" ? »
(La Règle précédente est traitée une fois encore
sous une autre clarté.) — (La parole de Tch'ang-
k'ing est sombre comme un seau rempli de laque.)
— (Il n'est pas interdit de poser une question.)
— (Sans question on ne saura pas.)

Le Maître du Zen Gudô (1577-1661) synthétisa
la première et la seconde parenthèse en une
phrase : « Approfondir la spiritualité jusqu'à ce
que l'obscurité s'illumine. » Hakuin adopta l'in-
terprétation de Gudô.
Ryôkei « ajoute des mots » : « Quels restes,
rogatons et reliefs ! »

Ta-kouang danse.
(N'amadouez pas les autres. Ne cajolez pas
autrui.) — (L'autre fait déjà. Démodé, suranné et
usé !)

Ryôkei « ajoute des mots » : « Simplement il a dessiné un modèle comme quelqu'un représente un chat en le dessinant. »

Le moine se prosterna.
(*Faites aussi de même.*) — (*C'est bien, je l'admets, mais je crains qu'il ait compris de travers.*)

Ryôkei « ajoute des mots » : « Démon à l'esprit de voleur ! »

Ta-kouang lui demanda : « Qu'as-tu vu pour te prosterner ? »
(*C'est une bonne réplique.*) — (*Il faut l'examiner pour saisir le vrai ou le faux.*)

Ryôkei « ajoute des mots » : « Il faut prononcer un jugement selon la loi sur la base d'un aveu. »

Le moine danse.
(*Simplement il dessina un modèle comme quelqu'un représente un chat en le dessinant.*)
— (*Voilà, il a mal compris.*) — (*C'est un gars qui joue l'ombre de la lumière.*)

Ryôkei « ajoute des mots » : « Si ce moine n'était pas idiot, au moment de la danse de Ta-kouang il crierait "Esprit de renard sauvage !" »

Ta-kouang dit : « Esprit de renard sauvage ! »
(*Il est difficile de rendre à Ta-kouang sa bonté.*)

— (*Les trente-deux Patriarches en Inde et en Chine ne transmirent que* CECI.)

Ryôkei « ajoute des mots » : « Ta-kouang a l'œil juste pour distinguer un serpent d'un dragon. »
Ce moine n'est pas sans œil. Nous adoptons ses réponses.

4. Le laïc P'ang (*?-815, en jap. Hô-koji*) *et les neiges*
(*Règle 42 du Recueil de la Falaise verte*)

Deux laïcs sont spécialement vénérés dans l'école du Tch'an (Zen) : en Inde Vimalakîrti et en Chine ce P'ang. Sa famille était traditionnellement spécialisée dans l'enseignement du confucianisme, mais lui, connaissant les souffrances dues à la société poussiéreuse, construisit un ermitage afin de s'y exercer. Il étudia le Tch'an (Zen) pendant un an sous la direction du Maître Che-t'eou (700-790) et durant deux autres années sous la direction du Maître Ma-tsou (709-788). Dans ces monastères il vécut au milieu de communautés de moines bouddhistes tout en conservant la coiffure et le costume confucianistes. Son prétexte était : « Tous ceux qui obéissent à quelque formalité extérieure ne sont pas toujours assurés d'atteindre l'Éveil. Toute convention en manière d'acquit est secondaire et elle n'est que débris. » Même après les décès de Che-t'eou et de Ma-tsou, le laïc P'ang continua de se lier d'amitié avec leurs disciples. Il vivait pauvrement, d'un cœur pur en vendant des corbeilles en bambou fabriquées avec l'aide de sa famille. Il nous laissa trois cents poésies populaires et bouddhiques dont celle-ci :

> *Pour indiquer l'esprit*
> *Il suffit de dire :*
> *« Ainsi. »*
> *Pour indiquer l'objet*
> *Il suffit de dire :*
> *« Ainsi. »*
> *On ne se base*
> *Ni sur le réalisme*
> *Ni sur le nihilisme.*
> *On ne s'occupe pas de l'être,*
> *On n'est pas attaché au néant.*
> *Ne soyez ni saint ni sage,*
> *Mais soyez un profane*
> *Qui a terminé des affaires.*

Le laïc P'ang quitte le monastère dirigé par Maître Yo-chan [745-828, en jap. Yakusan].
(Ce vieux gars va faire une drôle de chose.)

Ryôkei « ajoute des mots » : « Le laïc P'ang porte la coiffure brunie par le soleil et crasseuse. Il va à l'est et à l'ouest. »

Yo-chan demande à dix interlocuteurs du Tch'an [Zen] d'accompagner le laïc P'ang jusqu'à la porte du monastère.

(Ainsi, Yo-chan ne dédaigne pas le laïc P'ang.) — (Quelle situation approfondie occupe le laïc P'ang ?) — (Seuls les moines qui ont la capacité de repérer peuvent la deviner.)

Ryôkei « ajoute des mots » : « Une affaire surgit de la politesse. »

Lorsqu'un Maître du Zen monte en salle pour faire un sermon, des interlocuteurs du Zen ont pour rôle de dialoguer avec le Maître. Des moines capables sont choisis pour tenir ce rôle.

Montrant la neige dans le ciel, le laïc P'ang dit :
« Les beaux flocons de neige tombent un à un. Ils ne tombent pas ailleurs. »

(Le vent ne souffle pas. Il soulève les vagues.) — (Il y a l'œil au bout du doigt.) — (Ce vieux gars fait contenir une résonance dans ses paroles.)

Ryôkei « ajoute des mots » : « Il n'y a presque pas de différence entre ailleurs et ici. Voilà, une affaire surgit. »

Alors, un interlocuteur du Tch'an [Zen] appelé Ts'iuan lui demande : « Où tombent-ils ? »
(Touché !) — (Ts'iuan a suivi aveuglément le

laïc P'ang.) — (*Voilà ! Ts'iuan a mordu à l'ha-meçon.*)

Une flèche empoisonnée du laïc P'ang a touché Ts'iuan. Ryôkei « ajoute des mots » : « L'interlocu-teur du Zen n'a pas honte. Il ne sait pas dialoguer. »

Le laïc applique une gifle à Ts'iuan.
(*Gifle appropriée.*) — (*Voilà ! On ruine sa mai-son en y attirant un voleur.*)

Le laïc P'ang a dit des choses inutiles et chez lui il introduisit un bandit qui vola ses biens.
Ryôkei « ajoute des mots » : « C'est le vieux P'ang qui doit apprécier cette gifle. »

Ts'iuan dit : « Laïc ! Ne soyez pas si étourdi et grossier. »
(*Ts'iuan écarquille les yeux dans un cercueil.*)

Ryôkei « ajoute des mots » : « Cette réponse de Ts'iuan révèle qu'il se trompe de cible. »

Le laïc réplique : « Si tu t'appelles "interlocu-teur du Tch'an [Zen]" à ce niveau, le Roi de l'Au-delà ne te pardonnera pas. »
(*Le laïc a versé une deuxième fois de l'eau sale à l'aide d'un puisoir.*) — (*Non seulement le Roi de l'Au-delà, mais moi-même [Yuan-wou (1063-1135)], moine montagnard, ne te laisserai pas passer.*)

Ryôkei « ajoute des mots » : « Moi-même [Ryôkei], moine montagnard, lui donnerai des ordres, pas besoin du Roi de l'Au-delà. »

Ts'iuan dit : « Et vous, laïc ? »
(*Son esprit rude n'est pas amélioré.*) — (*Cela vaut-il un coup de bâton ?*) — (*Ce moine n'a pas saisi la chance du début jusqu'à la fin.*)

Ryôkei « ajoute des mots » : « Cette sorte de rosse, bien qu'on la fouette jusqu'aux os, n'est pas du tout effrayée. »

Le laïc le gifle encore une fois.
(*Voilà !*) — (*C'est comme ajouter le gel à la neige.*) — (*Après avoir goûté d'un coup de bâton, toi, interlocuteur du Tch'an Ts'iuan, fais tes aveux.*)
Et le laïc dit : « Tes yeux regardent, mais comme ceux d'un aveugle. Ta bouche parle, mais comme celle d'un muet. »
(*C'est là une explication d'une raison qui a poussé le laïc à le gifler.*) — (*Aussi, il prononce une sentence envers Ts'iuan.*)

Ryôkei « ajoute des mots » : « À quoi cela sert-il de frapper ce mort ? »
En 1739, le Maître japonais Daïchi-Jittô publia douze volumes de commentaires du *Recueil de la Falaise verte* qui sont indispensables à toute étude de ce texte. Il y dit : « Bien que ces derniers mots du laïc nous semblent dénigrer l'interlocuteur du

Tch'an (Zen) Ts'iuan, au fond son vrai but était d'indiquer l'Endroit où la neige tombe et non ailleurs. » C'est-à-dire indiquer notre Essence, notre Cécité et notre Silence.

Siue-teou (980-1052) prononce une autre sentence : « Au moment de la première question de Ts'iuan j'aurais dû seulement le frapper avec une boule de neige. »

(C'est bien, mais...) — (Un bandit est déjà passé et, après, Siue-teou place une flèche sur son arc.) — (Aussi, la dégoulinade n'est pas insignifiante.) — (Il faut voir que Siue-teou s'accorde avec le laïc P'ang et qu'ils sont de forces égales.) — (Siue-teou est tombé dans une grotte de démon. Que faire ?)

Hakuin (1689-1768) considère cette dernière parenthèse inappropriée. Tenkei (1648-1735) l'interprète : « Siue-teou n'a pas un talent spécial. Il n'est pas au-dessus du commun. »

Ryôkei « ajoute des mots » : « Trop tard ! Il vaut mieux lui [Ts'iuan] transmettre la Correspondance avant qu'il n'ouvre la bouche. »

Les commentaires entre parenthèses sont dus à Yuan-wou (1063-1135) qui conclut : « Cet interlocuteur du Tch'an (Zen) Ts'iuan n'ignore pas totalement où les flocons de neiges tombent. Lui et le laïc P'ang ont chacun un ressort différent, passif et actif. Ts'iuan n'atteint pas le niveau du laïc. »

IV.

Le Zen poétique
et un doigt omnipotent

1. Tch'ang-cha (?-868, en jap. Chôsha),
Printemps et Automne
(Règle 36 du Recueil de la Falaise verte)

Un jour Tch'ang-cha se promenait dans la montagne pour le plaisir et s'en retourna au monastère.
(Aujourd'hui, toute une journée, il ne fit que se mêler aux herbes en se baissant.) — (Au cours d'un aller et retour, il ne fit que cela.)

Tenkei commente : « Il faut disposer de loisirs pour se promener dans la montagne par plaisir. Dans l'école du Zen une promenade en montagne ou sur l'eau sous-entend une Situation excellente dépassant le Bouddha et les Patriarches après l'achèvement de l'exercice de plusieurs années. "Se promener dans la montagne par plaisir" n'indique pas seulement pique-niquer en montagne. Tous les actes de la vie quotidienne sont excellents pour celui qui est parvenu à cette Situation excellente, c'est-à-dire "se promener en montagne par plaisir". »

Hakuin commente : « Comme vous pouvez vous en apercevoir, cette Règle n'est pas profonde. Mais il faut analyser ce niveau bas. »

Maître Daïchi-Jittô commenta l'expression : « Aujourd'hui, une journée entière » : « Inutile de penser aux jours à venir. L'esprit de Tch'ang-cha n'a pas d'attachement. »

« Se mêler aux herbes en se baissant » signifie qu'au lieu de traiter de sujets élevés et nobles : Bouddha, Zen, bouddhisme, etc., on parle de promenade, du printemps et de l'automne, etc.

Ryôkei « ajoute des mots » : « D'habitude ce vieux court vers le haut et vers le bas. »

Parvenu à la porte du monastère, il vit le Supérieur de la salle d'exercice qui lui demanda : « Précepteur, où êtes-vous allé ? D'où revenez-vous ? »

(Aussi, il faut examiner ce vieux Tch'ang-cha. La flèche atteint le pays de Silla [Corée].)

Le Supérieur tenta de mettre à l'épreuve son Maître. Mais les pensées de Tch'ang-cha sont difficiles à saisir comme une flèche atteignant déjà le sud de la Corée.

Ryôkei « ajoute des mots » : « Je ne vous reproche pas votre promenade. »

*Tch'ang-cha lui répondit : « Je me suis pro-
mené dans la montagne par plaisir. »*

(*Tch'ang-cha, vous ne devez pas vous mêler aux
herbes en vous baissant.*) — (*Votre défaite n'est
pas rien.*) — (*Vous êtes un type parmi les herbes.*)

Tch'ang-cha s'abaissa trop et il manqua de
réponse abrupte.

Ryôkei « ajoute des mots » : « Au jeu d'échecs
il est difficile de dissimuler une ressource à l'ad-
versaire. »

— « *Où êtes-vous allé ?* »
(*Bonne réplique !*) — (*S'il y a un endroit où
aller, on ne peut échapper à être mêlé aux herbes.*) — (*Tch'ang-cha et le Supérieur entrent tous
deux dans un cratère de feu.*)

« Où êtes-vous allé ? », répondre à cette question est très difficile, comme les autres questions :
« D'où vient-on ? » ; « Où va-t-on ? » (troisième
parenthèse).

Ryôkei « ajoute des mots » : « Si ce n'est pas
le Mont Sud, c'est le Mont Nord. »

— « *Au début j'ai marché en suivant les végé-
tations parfumées, puis je m'en suis retourné en
poursuivant les fleurs éparpillées.* »

(*Les dégoulinades ne sont pas rien.*) — (*Depuis
l'origine on était seulement assis dans une forêt
épineuse.*)

Tch'ang-cha indique notre Foncier serein, mais sa réponse est épineuse.

Ryôkei « ajoute des mots » : « Tout est réalisé devant nos yeux. Quel début et quelle fin y aurait-il ? »

— « *Il me semble que vous avez beaucoup exprimé le cœur du printemps.* »
(*Écho du Supérieur.*) — (*L'erreur du Supérieur a suivi l'erreur du Maître.*) — (*Une main soulève et l'autre main saisit.*)

Le Supérieur a-t-il loué le Maître ? Ou bien l'a-t-il critiqué sous prétexte que Tch'ang-cha n'a pas encore atteint la Grande Mort en conservant encore quelque chaleur ? Les erreurs de ces deux consistent à voir un aller et un retour dans le Rien (Néant).

Ryôkei « ajoute des mots » : « Tous ces entretiens sont basés sur une conversation quotidienne et il n'y a aucune obscurité. »

— « *Mais je préfère le cœur du printemps à l'automne où la rosée recouvre les nélumbos.* »
(*C'est comme ajouter de la boue à la fange.*) — (*La flèche antérieure est encore légère, mais la flèche postérieure est profonde.*) — (*Si c'est ainsi, quand terminera-t-on ?*)

Tch'ang-cha préfère la chaleur et la douceur du printemps qui vivifie tout à la fraîcheur triste de l'automne.

Ryôkei « ajoute des mots » : « Si on suit la voix et qu'on poursuit la matière, quand terminera-t-on ? »

Siue-teou [980-1052] « ajoute des mots » : « Je vous remercie de votre réponse. »
(Le Supérieur, Maître Tchang-cha et Siue-teou sont des copains qui badinent avec des boulettes de boue.) — (Tous trois avouent sur un même papier.)

Le Supérieur ne pouvait pas répondre, donc Siue-teou répondit à sa place.
Ryôkei « ajoute des mots » : « Tch'ang-cha se place dans les quatre saisons, mais il est en dehors. »

2. Un doigt omnipotent de Kiu-ti
(Règle 19 du Recueil de la Falaise verte)

Lorsque le Précepteur Kiu-ti (en jap. Gutei) reçoit une question,
(Quelle nouvelle y a-t-il ?) — (Un Maître maladroit à capacité lente.)

La première parenthèse signifie : « Quelle question y a-t-il ? » La deuxième parenthèse : « Kiu-ti ne fait rien autre que de lever un doigt, pour répondre à toutes les questions qu'on lui pose sur le Tch'an [Zen], il est donc un Maître maladroit. »

Ryôkei « ajoute des mots » : « Quelle aumône plusieurs imbéciles cherchent-ils ? »

il ne dresse qu'un doigt pour toute réponse.
(Ce vieux a l'intention de trancher les langues des hommes dans le monde.) — (Lorsqu'un doigt est chaud, tout le ciel et toute la terre sont chauds. Lorsqu'un doigt est froid, tout le ciel et toute la terre sont froids.) — (Kiu-ti remplace les langues des hommes dans le monde.)

Ryôkei « ajoute des mots » : « Toute sa vie Kiu-ti porte des planches, en conséquence il ne peut pas voir les autres, il est unilatéral, mais il ne peut oublier ce qu'il a appris à fond. »

Cette Règle 19 est traitée aussi dans la Règle 3 de *Passe Sans Porte* (*Wou-men-kouan*). Nous y avons expliqué comment Kiu-ti a succédé dans la Loi à Maître T'ien-long (en jap. Tenryû, successeur de Ta-mei, lui même successeur de Ma-tsou). Il est donc indispensable de se reporter à *Passe Sans Porte*.

DEUXIÈME PARTIE

La Montagne froide
Poésies du Tch'an

1.

Recommandations aux lecteurs

Tous ceux qui lisent mes poésies
Doivent garder un cœur pur.
Alors, leur cupidité se tempérera
Jour après jour.
Et leur tortuosité sera redressée
Au cours du temps.
Chassez et supprimez les mauvaises actions.
Soyez dévoués et recevez l'Essence véritable.
Aujourd'hui, obtenez le Corps du Bouddha.
C'est l'affaire la plus urgente.

Ce poème et ceux qui suivent sont de Han-chan (en jap. Kanzan, dates de naissance et de décès inconnues à ce jour, mais certains indices permettent de supposer que ce poète a vécu au IXe siècle). *Han* signifie froid, frais, glacial, flegmatique, impassible. *Chan* signifie montagne. Quand les Chinois ou les Japonais voient ou entendent ce caractère, *Han*, ils sont imprégnés de sensations de froid et d'impassibilité. Donc, au lieu d'écrire phonétiquement *Han-chan*, nous le traduisons par cette expression, « Montagne froide », pour mieux pénétrer ses poésies.

Aujourd'hui, on est tout à fait dans l'impossibilité de vérifier son existence réelle. Simplement on peut supposer qu'il était un ermite de l'époque des T'ang, qu'il vivait au monastère « Terrasse céleste » et qu'il disparut un jour, d'après la légende, en laissant trois cents poésies écrites sur des arbres ou sur des murs.

Voici deux poésies de Sengaï sur la Montagne froide :

> *À l'ouest du temple « Pays-Pureté »,*
> *Deux mille mètres d'escarpement.*
> *Montagne froide compose des poèmes.*
> *Et un autre ermite les fait rimer.*

Ces deux ermites vivaient au temple « Pays-Pureté » du mont « Terrasse céleste ».

> *Impossible de saisir le Sens*
> *À la lecture des textes sacrés.*
> *Impossible de supprimer la poussière*
> *En nettoyant avec un balai.*

2.

Nuages blancs et pierres

J'ai élu domicile sur une roche pesante.
Alentour, les roches sont superposées.
Il n'y a de chemins que ceux des oiseaux.
Mon ermitage est hors des traces humaines.
Qu'y a-t-il au bout de mon jardin ?
Les nuages blancs embrassent
Des pierres mystérieuses.
J'habite ici depuis des années.
Je vois souvent la métamorphose
Du printemps et de l'hiver.
J'avertis les familles opulentes
Que leur réputation vaniteuse
N'aura certainement aucune utilité.

Les poésies sur la *Montagne froide* contiennent
pêle-mêle toutes sortes de pensées : instructions
populaires sur la manière de se comporter dans le
monde, conception de la vie selon la philosophie
du Tch'an (Zen) et la pensée taoïste pour mener
une vie solitaire de reclus. De là, certains chercheurs avancent l'idée que ces poésies furent

composées par plusieurs auteurs alors qu'elles n'avaient pour sujet qu'un seul objet : la *Montagne froide.*

« Hôseki », nom de plume de notre Maître du Zen, Hisamatsu Shin'ichi, signifie « Embrasser des pierres » et il est emprunté à un vers de la poésie ci-dessus : « Les nuages blancs embrassent des pierres mystérieuses », qui exprime l'essence du Zen.

Quant à Sengaï qui choisit de vivre à Hakata dans l'île de Kyûshû, il composa en décembre 1829 une poésie intitulée « Mon ermitage "vide-blanc" sous la neige » :

Mon ermitage est éloigné du monde.
Par un matin neigeux
Je prends mon petit déjeuner.
Alors une jeune déesse descend du ciel
À travers les nuages
Qui sont le sentier qu'elle fréquente.

3.

Voie de « Montagne froide »

Risible est la voie de « Montagne froide ».
Aucune trace de véhicules ou de chevaux.
Difficile de contenir les méandres
Des torrents qui se rejoignent.
Ignorance de la quantité
De pics se succédant.
Mille sortes d'herbes reçoivent
Les pleurs de la rosée.
Murmure du vent dans une famille de pins.
En ce moment, égaré en ce point du sentier,
Cette forme qui est mienne interroge
Son ombre : origine ?

Les deux dernières lignes signifient :

Je suis si seul sur ce chemin isolé,
Je n'ai personne à interroger.

4.

Je suis vieilli

Tantôt j'ai vécu à la charge d'un seigneur
Grâce à mes livres et à l'épée.
Tantôt je rencontrai un suzerain
Vertueux, glorieux et intelligent.
J'étais en garnison dans l'Est,
Mais le style de ma prose
N'a rencontré aucun éloge.
J'ai combattu sur le front ouest,
Mais je n'ai accompli aucune action d'éclat.
J'ai étudié les lettres
Et en plus j'ai étudié les arts militaires.
J'ai étudié les arts militaires
Et en plus j'ai étudié les lettres.
Aujourd'hui je suis déjà vieilli.
Je ne puis évaluer ce qui me reste à vivre.

« Chanson des six vieillards », par Sengaï

Ils sont ridés, couverts de taches
   de vieillesse.
Ils se voûtent, ils deviennent chauves,
Leurs moustaches et barbes blanchissent.
Leurs mains tremblent,
Ils marchent en chancelant.
Leurs dents tombent, ils deviennent sourds
Leur vue devient mauvaise.
Ils portent toujours un capuchon,
   une écharpe,
Une canne, des lunettes, une bouillotte,
Une pierre-chaufferette de poche, un vase
   de nuit et un gratte-dos.
Ils aiment entendre les rumeurs,
Ils n'aiment pas mourir.
Ils ne peuvent supporter la solitude,
Leur cœur se tord,
Ils deviennent très avides, fastidieux,
   impatients.
Ils se lamentent tout le temps.
Ils veulent se mêler de tout.
Ils aiment fourrer leur nez partout.
Une fois encore ils ressassent
L'éloge de leurs enfants
À propos de la même chose.
Ils se vantent de leur bonne santé,
Ce qui provoque l'aversion
De leurs interlocuteurs.

Pierre-chaufferette de poche : on chauffe une pierre ponce qu'on enveloppe dans une cotonnade ou dans une étoffe quelconque. Elle permet de se réchauffer pendant l'hiver ou au cours d'une maladie.

5.

Belle coquette, séduisante et attrayante

Des stores constitués de gemmes précieux
Sont suspendus à l'intérieur
D'un pavillon splendide.
Une belle fille vit là.
Elle a des façons coquettes et séduisantes.
Sa beauté est supérieure à celle
   d'un anachorète.
Et cette femme-bijou est comparable
À une pêche ou à une prune.
Au printemps le brouillard noie
Les maisons à l'est.
En automne le vent se lève
Non loin des demeures à l'ouest.
Ainsi le temps s'écoule.
Si trente ans passent encore,
Cette merveille deviendra
Un résidu de canne à sucre.

Crâne de la belle Ono-no-Komachi

> *La belle couleur de fleur*
> *S'est métamorphosée !*
> *Pendant que je voyais*
> *Ma vie s'écouler à ne rien faire*
> *En ce monde.*

Ono-no-Komachi (dates de naissance et de décès inconnues) est considérée comme la plus belle fille de l'histoire du Japon. Ce poème a été composé par elle-même, car elle fut la poétesse la meilleure de toute l'époque Heian (794-1192). Il est prouvé qu'elle était active vers les années 850. Cette représentation du crâne d'Ono-no-Komachi par Sengaï est inspirée de la pensée légendaire attachée à sa personne, c'est-à-dire qu'elle était extrêmement belle pendant sa jeunesse ; que plus tard, devenue laide, elle se mit à errer dans les provinces ; et qu'elle finit par se métamorphoser en os blancs.

6.

J'abandonne sages et sots

Vous êtes savant
Et vous m'ignorez.
Je suis sot
Et je vous ignore.
Ni sottise ni sagesse,
Je suis au Milieu.
Lorsque la nuit tombe,
Je chante au clair de lune.
Lorsqu'il se fait jour,
Je danse sous les nuages blancs.
Je ne reste pas assis
Bouche et mains immobiles
Laissant mes cheveux en désordre
Sur mes tempes.

Sengaï aussi :

Chantons à la lune,
Bruit de vent sur la pinède.

7.

Sentier de la « Montagne froide »

Le sentier de la « Montagne froide » est
  Sombre,
Ténébreux, Obscur et Opaque.
Auprès de la vallée froide
Les choses sont clairsemées et éparses.
Sans cesse les oiseaux chantent.
Il n'y a personne.
Calme, tranquille et silencieux.
Le vent souffle sur mon visage.
Désert, solitaire et effroyable.
La neige s'amoncelle sur mon corps.
Elle tombe et flotte
Dans le vent en voltigeant.
Chaque matin je ne vois pas le soleil.
Chaque année je ne sens pas le printemps.

« Ténèbre divine » d'après Pseudo-Denys l'Aréopagite : « Cette Ténèbre brille de la plus éclatante lumière au sein de la plus noire obscurité. » « La Ténèbre divine est cette *Lumière* inaccessible où il est dit que *Dieu habite.* »

« Nuit obscure » selon saint Jean de la Croix :
« Après la nuit obscure, l'âme trouve la clarté de
l'aurore dans la contemplation. »

Il serait possible aussi d'interpréter « l'éternelle
nuit » dont Racine parle dans sa pièce *Andromaque* dans le même sens que ces deux mystiques
d'Occident.

Le poète Motonori (né en 1928) est, au Japon,
le meilleur connaisseur des poésies de Clément
Jannequin (1480 ?-1564). Dans l'une de ses poésies, Motonori fait référence au *Chant des oiseaux*,
de Jannequin :

> *Le Chant des oiseaux de Jannequin*
> *Arrive à mes oreilles.*
> *Je ne peux absolument pas*
> *Dénombrer les oiseaux d'une nuée.*
> *Le parfum des oiseaux vient*
> *Doucement m'envelopper*
> *Et pénètre dans mon corps.*

Jannequin, né à Châtellerault, était un prêtre
musicien. Il se distingue des maîtres de son temps
par ses œuvres qui sont presque toutes profanes.
On peut le considérer comme le créateur de la
musique descriptive.

8.

Colère

La colère est un feu dans l'esprit.
Elle peut brûler la forêt du bienfait.
Si vous voulez pratiquer la Voie
Des héros d'Esprit d'Éveil,
Gardez l'esprit de droiture
Avec patience et endurance.

La société Idemitsu est le plus grand collectionneur de tableaux de Sengaï. En 1941, toutes les succursales de la société IDEMITSU, à travers tout le Japon, exprimèrent leur volonté d'afficher un portrait de leur patron, Sazô IDEMITSU. Celui-ci refusa catégoriquement et, à la place, fit imprimer des reproductions d'un tableau de Sengaï intitulé *Le Saule, symbole d'endurance.*

L'ENDURANCE (par Sengaï)
Le saule est toujours le saule
Même si parfois il doit subir
Des vents contrariants.

Toutes les succursales l'affichèrent.

9.

Les Biens

Les pauvres aiment amasser des biens.
C'est comme une chouette qui aime son enfant.
Lorsque cet enfant grandit,
Il dévore sa mère.
Lorsqu'on possède beaucoup de biens,
A contrario ceux-ci nuisent
À leur propriétaire.
Lorsqu'on n'immobilise pas ses biens,
Le bonheur est là.
Lorsqu'on les amasse,
Le malheur surgit.
Si on n'a ni biens ni malheur,
On peut battre des ailes
Au milieu des nuages bleus.

La société Idemitsu fut fondée il y a un siècle par Sazô IDEMITSU (mort en 1981 à l'âge de quatre-vingt-seize ans). C'était une entreprise originale de type « familial ». En conséquence, elle ne comprenait ni registre de présence ni système de limite d'âge.

10.

L'argent va et vient

Une vieille dame de la maison Est
Réussit à s'enrichir depuis quelques années.
Auparavant elle était plus pauvre que moi.
Aujourd'hui elle se moque de moi
Qui n'ai pas le sou.
Elle se moque de moi
Depuis son enrichissement.
Avant, je me moquais d'elle.
Nous nous moquions l'un de l'autre.
Si nous ne cessons pas,
L'écart entre nous sera
Comme celui entre Est et Ouest.

Sazô IDEMITSU répétait : « Si on est tenté, même une seule fois, par la spéculation en des circonstances extrêmement dures, cela entachera notre vie. La spéculation est comme la drogue. Une fois qu'on commence, on ne peut plus oublier son goût. Elle pervertirait la moralité de nos employés et la société Idemitsu pourrirait de l'intérieur. »

11.

Les gens opulents meurent aussi

Les filles de la famille Lou sont
Brillantes comme des joyaux lumineux
Depuis longtemps on les appelle :
« Sans souci ».
Elles aiment monter à cheval
Pour aller contempler les fleurs.
Elles sont joyeuses en ramant
Dans leurs embarcations
Sur quelque étang au lotus.
Elles sont assises sur des sièges
Recouverts de peaux d'ours vert.
Elles portent des robes faites
De peaux de phénix bleus.
Je suis triste et me lamente.
Parce que dans cent ans
Elles ne manqueront pas
De retourner aux montagnes
Et aux collines.

En février 1993 une partie des employés des
services financiers de la compagnie pétrolière

Shôwa-Shell tenta d'effectuer de grandes opérations spéculatives, mais l'affaire tourna mal. Ils subirent de grandes pertes d'un montant égal aux bénéfices de deux années. À cette époque, le président de la société Idemitsu, M. Shôsuke IDEMITSU, critiqua vivement cette affaire : « Cela ne saurait se produire chez nous. Travailler assidûment, c'est cela l'idéal des Japonais. Chercher à faire fortune d'un seul coup grâce à la spéculation est tout à fait hors de question dans notre entreprise. Si Sazô IDEMITSU était vivant aujourd'hui, il aurait été très mécontent. »

Ce sont là les deux principes qui permirent à la société Idemitsu de se développer : travailler assidûment en dehors de toute spéculation et persévérer avec endurance.

Ces deux principes fondent aussi l'évolution de l'économie japonaise.

12.

Le chant et la danse d'une belle

En ville, je vois
Une belle aux jolis sourcils.
Elle porte à sa ceinture
Des joyaux et des agates blanches,
Elle joue de jolies mélodies,
S'amuse avec un perroquet
Et devant des fleurs.
Elle joue du luth
Au clair de lune.
Tantôt elle chante longuement,
Tantôt elle danse un instant
Sous le regard de milliers de gens.
Mais cela ne pourra durer longtemps.
La rose trémière ne supporte pas le froid.

Dans la mythologie japonaise, la Danseuse céleste joua un rôle important lorsqu'on voulut faire sortir Grande-Auguste-Déesse-Illuminant-le-Ciel de la Grotte-Céleste où Elle s'était réfugiée. Le Guide céleste, accompagné de la Danseuse céleste, rendit alors service à toute la suite céleste afin de les guider au Japon. Voir le *Kojiki (Chronique des Choses anciennes)*, chapitres « La Grotte céleste » et « Kami-Prince-Guide ».

Sengaï veut servir d'intermédiaire entre le Guide céleste et la Danseuse céleste.

13.

Vague des passions

Les hautes montagnes sont recouvertes
De nuages blancs.
Elles se dressent escarpées.
L'eau verte est profonde
Et les vagues sont calmes.
Ici j'entends des pêcheurs chanter
En manœuvrant des perches.
Je ne peux distinguer nettement
Leurs voix champêtres et agrestes,
Mais elles suscitent en moi
Une vague des passions.
Les moineaux n'ont pas de corne,
Mais ils percent des trous dans le bois.
Il en va même des chants des pêcheurs.
Sans comprendre leur sens
Ils me rendent mélancolique
Et soulèvent en moi le spleen.

« La vague des passions » est une expression utilisée par Chateaubriand.

14.

Le Vide et la Tranquillisation

Dans la verte vallée
La source et les ondes sont pures.
Dans la « Montagne froide »
Le clair de lune est blanc.
Si on atteint la Connaissance dans le silence,
L'esprit devient plus clair de lui-même.
Si on contemple le Vide,
L'objet se tranquillise de plus en plus.

À la Vallée-aux-Loups (banlieue sud de Paris) se trouve la maison de Chateaubriand, qu'il habita de 1807 à 1818. Son jardin est très vaste et les alentours sont occupés par une forêt dense. C'est un lieu propre à la rêverie romantique et à la promenade philosophique préférée de l'auteur. Ici, deux caractéristiques attirent notre attention : côté maison, les cariatides élevées par Chateaubriand et côté jardin, la tour Velléda où sa vie d'écrivain s'épanouit.

« Mon Dieu, que ne puis-je faire dans la vie ce que je voudrais ! Je ne revois pas cette petite vallée que le cœur ne me palpite de joie. Si j'étais seul, je ne la quitterais jamais » (Chateaubriand à Mme de Duras, le 25 octobre 1812).

15.

À propos de la Mort

Qui ne mourra pas un jour ?
Il n'y a aucune famille
Qui ne connaisse la mort.
Depuis toujours la mort est égale
Pour tout le monde.
Dans ma jeunesse je me prenais
Pour un homme robuste et grand.
Soudain je retourne
À une poignée de poussières.
Dans l'autre monde
Il n'y a ni aurore ni soleil.
Quelquefois les herbes vertes
Connaissent le printemps.
Lorsque j'arrive au cimetière,
Mon cœur est blessé
Et le vent sur les pins
Me fait sombrer dans le chagrin.

Les arbres (ici les pins) ne suscitent que le chagrin chez la « Montagne froide », mais chez Chateaubriand bien d'autres sentiments : « Les arbres que j'y ai plantés prospèrent, ils sont encore si petits que je leur donne de l'ombre quand je me place entre eux et le soleil. Un jour, en me rendant cette ombre, ils protégeront mes vieux ans comme j'ai protégé leur jeunesse. Je les ai choisis autant que je l'ai pu des divers climats où j'ai erré, ils rappellent mes voyages et nourrissent au fond de mon cœur d'autres illusions » (*Mémoires d'Outre-Tombe*).

« Je suis attaché à mes arbres ; je leur ai adressé des élégies, des sonnets, des odes. Il n'y a pas un seul d'entre eux que je n'aie soigné de mes propres mains, que je n'aie délivré du ver attaché à sa racine, de la chenille collée à sa feuille ; je les connais tous par leurs noms, comme mes enfants » (*Mémoires d'Outre-Tombe*).

16.

Face à des spectres

Si vous rencontrez un spectre,
Tout d'abord ne soyez pas étonné.
N'ayez pas peur non plus.
Ne vous en préoccupez jamais.
Si vous l'appelez par son nom,
Il s'en ira de lui-même.
Brûlez de l'encens
Et priez pour obtenir la force du Bouddha.
En vous prosternant sollicitez
L'aide des moines.
Tel un moustique essayant de piquer
Quelques bovidés en fer,
Le spectre ne trouvera pas
D'endroit où enfoncer son bec.

À un croyant fermement persuadé de l'existence des spectres, Spinoza écrivit trois lettres dans lesquelles il nie l'existence des fantômes. À l'occasion, ajoutons qu'il y déclarait son peu d'estime pour l'autorité de Platon, d'Aristote et de Socrate, car ce croyant en l'existence des spectres voulait renforcer sa position en citant les trois grands philosophes.

17.

Chagrin dure toute la vie

J'entends dire
Qu'il est impossible
De chasser un chagrin.
Dans ma jeunesse je croyais
Que cette assertion n'était pas avérée.
Même si on a chassé le chagrin
Hier matin, aujourd'hui
Il est toujours suspendu
À nos trousses.
Ce mois se termine,
Mais le chagrin n'est pas fini.
Lorsqu'une nouvelle année commence,
Le chagrin recommence.
Aujourd'hui, une femme porte
Un joli chapeau élégant,
Mais qui sait si elle n'a pas eu
Un profond chagrin dans le passé ?

18.

Transmigration

Avant ma naissance j'étais très ignorant
Et je n'était pas Éveillé
Comme je le suis aujourd'hui.
Présentement je suis très pauvre
Autant que ma vie présente.
Tout cela provient de ma vie antérieure.
Si aujourd'hui je ne pratique pas
Les enseignements du Bouddha,
Ma vie prochaine sera comme celle du passé.
S'il n'y a pas de bac
Aux deux rives de l'en deçà et de l'Au-delà,
Leur écart est immense
Et je ne serai pas sauvé.

Sengaï chante :
   Adoration du Bouddha Amida !
   Il tire le filet
   Avec une grande corde.
   Ne restez pas en dehors.
   Parvenez à l'autre rive.

19.

L'adolescent vieillit

Un beau jeune homme sur un cheval splendide.
Il le cravache avec un fouet de corail.
Il galope sur le chemin de la capitale.
Il est orgueilleux
Et ne croit pas
Qu'il perdra de sa vigueur
Et qu'il vieillira.
Les cheveux blancs vont lui pousser
Petit à petit.
Un jeune homme bien tourné
Pourrait-il garder longtemps cet état ?
Seulement regarder la colline sépulcrale.
C'est l'île où vit un anachorète.

Sengaï mettait en évidence la réalité de la vie au travers de paraboles tirées d'exemples botaniques :

Dans les jardin, les fleurs de volubilis
S'épanouissent, pleines de vie
Grâce à la rosée matinale,
Mais elles ignorent
Que le jour qui se lève
Ne manquera pas de tomber.

20.

Mort de mes amis

Une fois je m'étais assis
Face à la « Montagne froide »,
J'y restai pendant trente ans.
Hier je suis allé voir mes amis
Dont une grande partie
Nous avaient déjà quittés
À ma grande tristesse funèbre.
Peu à peu nous sommes
De moins en moins
Comme un lampion dans lequel
Il reste peu d'huile.
Cette mutabilité est pareille
À la rivière qui court.
Ce matin je suis vis-à-vis
De mon ombre solitaire.
Je n'aperçois pas deux sillons
De larmes qui coulent.

Solitude d'un ermite, par Sengaï :

Toutes les herbes pleurent sous la rosée.
Leurs couleurs deviennent mélancoliques
    en automne.

21.

Efforcez-vous pendant votre jeunesse

Lorsqu'il y a du saké,
Les uns et les autres s'invitent
Pour en boire.
Lorsqu'il y a de la viande,
Les uns et les autres s'appellent
Pour en manger.
Tôt ou tard, tout le monde meurt.
Il faut s'efforcer
Lorsqu'on est jeune.
Une ceinture de bijoux
N'est que fleur temporelle.
Les épingles à cheveux dorées
Ne sont pas une décoration
De longue durée.
Vieux Tchang et vieille Tcheng,
Une fois qu'ils quittent le monde,
On n'a pas de leurs nouvelles.

22.

Fleuve et homme

Comme vastes et étendues,
Sont les eaux du fleuve Jaune !
Il coule vers l'est
Sans jamais s'épuiser.
Il est magnanime.
On ne le voit pas transparent.
Tout le monde a une limite d'âge.
Vraiment nous voudrions monter
Sur un nuage blanc,
Mais comment pourrions-nous
Faire pousser des ailes ?
Seulement, tant que nos cheveux
Sont noirs, il faut nous efforcer,
En bougeant ou en étant immobiles.

Sengaï (morale pour paysans) :

Ceux qui ne peuvent pas
Semer leur champ
N'auront pas
De récolte à l'automne.

23.

Mélancolie d'un vieillard

Quelqu'un est assis.
Une gorge entre des montagnes.
Des nuages l'enveloppent.
Elle est recouverte par le brouillard.
Je me parfume pour lui rendre visite.
Mais le chemin est long et lointain
Et, pour moi, il est difficile d'y aller.
Je suis assombri
Et le spleen serre mon cœur.
Je suis devenu méfiant
Comme un renard.
Je suis vieilli et déjà
Je n'ai rien à faire.
On se moque de mon affliction,
Mais je suis indépendant, tout seul
Et fidèle à moi-même.

Avec quoi Sengaï se parfume-t-il ?

Mon amour
Pour le parfum d'orchidée !
Murmure de l'eau.

24.

Quatre cas de mariage

Si un vieux épouse une jeune fille,
Il a déjà des cheveux blancs
Et elle ne peut pas le supporter.
Si une vieille dame épouse un jeune homme,
Elle a déjà une face jaunie
Et son mari ne l'aime pas.
Si un vieux épouse une vieille,
Chaque chose ne se contrarie pas.
Si une fillette épouse un garçonnet,
Tous les deux adoptent une attitude pitoyable.

Sengaï aussi observe bien la vie quotidienne. Voici sa chanson intitulée : « Pilon ».

À l'aide d'une louche,
Une belle-mère bat
Vigoureusement sa belle-fille
Dont les jambes deviennent
Comme un pilon.

Généralement la mère est très égoïste et elle dirige toute la famille. Elle va même jusqu'à s'emporter quelquefois.

25.

Ma femme en rêve

Au cours de la nuit dernière
Je suis rentré chez moi en rêve.
Je vis une femme occupée à tisser.
Elle arrêta de manœuvrer sa navette.
Elle devint pensive.
Elle recommença à manœuvrer,
Mais elle me sembla sans force.
Je l'appelai.
Elle tourna la tête et me regarda,
Ébahie et ahurie —
Elle ne me reconnaissait pas.
De longues années ont passé
Depuis notre séparation.
Nos cheveux et nos poils n'ont pas
Leur couleur ancienne.

26.

Un homme haïssable

À quelle famille cet homme appartient-il ?
Tout le monde le déteste.
Son esprit sot est toujours
Rempli d'indignations.
Ses yeux charnels sont ivres
Jusqu'à devenir hagards.
Même s'il voit les statues du Bouddha,
Il ne se prosterne pas devant elles.
Même s'il rencontre des moines,
Il ne pratique pas l'aumône.
Tout ce qu'il sait faire est de s'envoyer
Un gros morceau de viande.
En dehors de cela,
Il n'a aucune capacité.

27.

Vieillard de la famille Tchong

Au nord de la ville réside la famille Tchong.
Son doyen possède
Beaucoup d'alcools et de viandes.
Lorsque sa femme mourut,
Les visiteurs venus
Présenter leurs condoléances
Remplirent les pavillons.
Lorsque le vieillard lui-même décéda,
Personne ne pleura.
Comme le cœur de ceux
Qui avaient consommé chez lui
Alcools et viandes
Est excessivement froid !

Nous avons traduit vingt-sept poèmes tirés de « La Montagne froide ». D'autres poèmes abordent des sujets intéressants, par exemple : « Ce que je ressentis dans la ville désertée », « Mon toit », « Lieu de paix », « Sous un toit de chaume », « Voie de la Montagne froide », « Les vicissitudes de la vie éphémère », « Mont Terrasse céleste », « Hors du monde de poussière », « Plaisir des mois caniculaires », « Couché dans ma hutte d'herbe j'écoute le langage des oiseaux », « La vie est courte et pleine de chagrins », « Montagne froide effrayante », « Un Maître et la Montagne froide », « Souvenirs », « Méditation », « La Voie de la vie quotidienne », « La réalité de la vie », « La route des nuages », « Assis longtemps », « Un personnage oisif », « Ne trouve-t-on pas le Zen dans des chansons ? », « Dormir sur un oreiller de nuages blancs », « Vicissitude éphémère ».

Nous projetons de les traduire prochainement.

TROISIÈME PARTIE

*Le monde est lamentable
et mélancolique*

*Le Père Gen
par* KUNIKIDA *Doppo*

Le monde est lamentable et mélancolique : ce sujet se trouve le mieux exprimé dans le petit conte intitulé *Le Père Gen (Gen Oji)*, par Kunikida Doppo. Il arrive que la prose soit plus poétique que les poésies elles-mêmes. Seulement, ce titre : *Le Père Gen*, n'éveille rien dans l'esprit des Occidentaux. Nous avons donc préféré au titre générique ces deux vers d'une poésie de Kitahara Hakushû (1885-1942).

Voyons d'abord la vie de Kunikida Doppo.

En 1909 mourait, à l'âge de trente-huit ans, l'écrivain japonais Kunikida Doppo. À peu près en même temps, en 1912, l'empereur Meiji, qui avait mis fin à la féodalité en renversant le gouvernement des samouraïs et qui avait posé les premières bases du Japon moderne, mourait à son tour, après quarante-cinq ans de règne. La vie de Doppo s'est donc écoulée pendant toute cette ère Meiji qui ouvrit le Japon de tous côtés à la civilisation européenne et au modernisme.

Trois étapes marquent l'œuvre de Doppo :

— la première se rattache au romantisme dont l'œuvre la plus représentative est *Campagne de Musashi*. Dans cet essai, Doppo expose les sentiments que lui inspirent ses contemplations, durant les quatre saisons, des transformations délicates des arbres à feuilles caduques de la banlieue de Tôkyô. Il disait que « la littérature et les beaux-arts du Japon ne connaissent que la beauté des forêts de pins ». Pour la première fois dans l'histoire de la littérature japonaise, il introduit dans cet essai l'impression poétique dégagée par les plaines, à la manière de Tourgueniev. Lorsque quelqu'un lui demanda ce qui l'attirait chez Tourgueniev, il répondit : « Il me semble qu'au fond des œuvres de Tourgueniev on trouve une profonde mélancolie. » Dans tous les lycées japonais on étudie ce texte de Doppo ;

— la deuxième étape se rattache au naturalisme dont les œuvres les plus représentatives sont : *La Perdition par les femmes* et *Un honnête homme*, dans lequel il découvre la ruse, l'égoïsme et les instincts sexuels dans le cœur d'un citadin ayant l'aspect d'un honnête homme ;

— la dernière étape, celle de la fin de sa vie, se rattache au réalisme social dont l'œuvre la plus représentative est *Barrière de bambou*. Sans arrière-pensée socialiste, il regarde mélancoliquement les pauvres travailleurs qui vivent auprès de sa maison.

Le Père Gen traduit ici est une œuvre de la première étape. À ce moment, Doppo était professeur d'anglais à Saeki, petite ville située sur la côte de la mer Intérieure au nord de l'île de Kyûshû. Les deux héros, le père Gen et Kishû, ont réellement vécu dans cette ville, mais ce fut seulement dans l'imagination de l'auteur qu'ils se rencontrèrent. Dans le Japon d'aujourd'hui, cette histoire est l'un des sujets favoris de la radio et de la télévision.

Durant son séjour à Saeki, Doppo se promenait chaque jour dans la montagne, dans les vallons, les villages, le long de la côte. Il aimait la nature qui inspirait ses pensées poétiques. L'écrivain anglais qu'il admirait le plus était Wordsworth.

1

Un jeune professeur était venu de la capitale
et, depuis un an environ, il enseignait une langue
étrangère aux adolescents de Saeki. Il arriva vers
le milieu de l'automne et s'en alla vers le cœur de
la saison estivale. Au début de l'été, n'aimant pas
résider dans la ville seigneuriale, il déménageait
vers la côte, près du port appelé Katsura, éloigné
de deux kilomètres et d'où il se rendait à son
école. Il y séjourna ainsi durant un mois. Les gens
qu'il connut au cours de ce mois, avec lesquels il
échangeait quelques conversations, n'arrivaient
pas au nombre des doigts de la main. Le premier
de tous était son hôte. Un soir qu'il pleuvait et que
le vent se levait, que le bruit des vagues claquant
contre la plage était violent, même le professeur
qui aimait la solitude et peu les paroles se sentait
mélancolique. Il descendit de sa chambre située au
premier étage et vint sur la galerie où son hôte
et sa femme prenaient l'air frais assis les jambes

allongées. Le couple, qui n'avait même pas voulu allumer, bavardait dans l'ombre en chassant les moustiques avec des éventails. Apercevant le professeur, circonstance rare, ils lui cédèrent leur place. La brise du soir poussait légèrement la pluie ; une goutte, deux gouttes atteignirent le visage des trois personnages qui les accueillirent avec délice et ils commencèrent à parler de choses et d'autres.

Des années avaient passé depuis son retour dans la capitale. Une nuit d'hiver, bien qu'il fût plus de 1 heure, installé solitaire devant sa petite table, il écrivait une lettre. Elle était adressée à un vieil ami de sa ville natale. En cette nuit, la pâleur de son visage pensif s'était un peu teintée de rose vers les joues, ses yeux regardaient parfois sans se fixer et il semblait s'efforcer de distinguer nettement quelque chose dans la brume.

Au milieu de ce brouillard, un vieillard se tenait debout.

Le professeur posa sa plume et se mit à relire. Après avoir achevé sa relecture il ferma ses paupières. Les yeux bouchés sur l'extérieur, ouverts sur l'intérieur, ce qui lui apparaissait encore, c'était le vieillard. Il écrivit dans sa lettre : « Mon hôte de pension parla avec insouciance de ce vieillard dont l'histoire n'est vraiment pas exceptionnelle. Si l'on cherche un tel vieillard, il doit y en avoir beaucoup en province auprès des montagnes, au bord de l'eau. Néanmoins comment pourrais-je oublier celui-là ? Ce vieil homme me fait penser à une boîte renfermant quelque secret que personne ne peut découvrir. Est-ce le mécanisme de ma singulière mentalité ? Quoi qu'il en soit, lorsque je pense à ce vieux, j'éprouve le sentiment du voyageur qui se languit à l'écart de sa ville natale en écoutant une flûte lointaine, ou bien j'ai l'impression de regarder le grand ciel infini après avoir lu un passage d'une sublime poésie. »

Mais le professeur ne connaissait pas en détail la vie du vieil homme. Il n'avait pu en connaître que des généralités de la bouche même de son hôte. Bien que ce dernier ne comprît pas dans quel but le professeur lui demandait tant de détails sur la vie du vieil homme, il répondit à sa demande.

« Ce port est bien à la mesure de Saeki. Comme vous pouvez le constater, combien de maisons sont-elles dignes de ce nom ? Sa population n'atteint même pas vingt personnes. La solitude est toujours telle qu'elle est ce soir. Mais songez à la solitude d'autrefois, quand une seule maison, celle du père Gen, s'élevait sur cette plage. Le pin qui se trouvait auprès de sa maison s'élève maintenant près de la grand-route, offrant aux voyageurs la fraîcheur de son ombre pendant l'été, mais autrefois, il y a dix ans, les vagues arrivaient du large et quelquefois baignaient ses racines. Ceux qui, venant de la ville seigneuriale, demandaient le bateau du père Gen s'asseyaient souvent sur le rocher qui s'avançait dans la mer, mais aujourd'hui ce gouffre dangereux a été vaincu à coups de dynamite.

Non ! Même lui, comment a-t-il vécu tout seul depuis le début ?

Sa femme était belle. Elle s'appelait Yuri [Lys] et était née dans l'île d'Ônyû. Des bruits circulent, à moitié faux. Mais le père Gen raconta un soir, alors qu'il était un peu ivre : "Ce qui suit est vrai." À l'âge de vingt-huit ou vingt-neuf ans, alors qu'à une heure avancée d'une nuit de printemps la lumière du sanctuaire Myôken s'éteignait, quelqu'un frappa deux petits coups à sa porte. Gen se leva et demanda qui était là. Une voix féminine le pria alors d'effectuer un passage jusqu'à l'île. Il tentait de distinguer quelque chose à la lumière de la lune inclinée, et il vit une toute jeune fille appelée Yuri, de l'île d'Ônyû, qu'il connaissait déjà.

Parmi les nombreux passeurs professionnels de cette époque, le nom de Gen était réputé jusqu'à la plus petite plage. Ce n'était pas seulement parce qu'il était un jeune homme digne de confiance et à l'aspect viril, mais pour une autre raison plus profonde. Vraiment ce que je vous fais entendre est la voix de Gen en ce temps-là. Les gens montaient de préférence sur son bateau pour l'entendre chanter en ramant. Cependant, autrefois, comme aujourd'hui, il prononçait peu de paroles.

La fille de l'île lui demanda-t-elle le bateau si tard avec quelque intention ? C'est un secret qui demeurera inconnu de tous sinon de la divinité Myôken qui, de son sanctuaire, regarde vers ici-bas. Même si on lui demande de quoi ils parlèrent tous deux en arrêtant le bateau, lui, peu loquace, tout pareillement quand il est ivre, ne fait que sourire, deux rides profondes marquant son front. Il est navrant de voir l'ombre de la tristesse sur son sourire.

La voix de Gen, lorsqu'il chantait, devenait de plus en plus claire. Ainsi les mois et les jours heureux du jeune couple passaient plus légèrement qu'un rêve. Alors que Kôsuke, leur fils unique, avait atteint l'âge de sept ans, sa femme Yuri mourut des suites d'un accouchement difficile. Quelqu'un de la ville seigneuriale proposa alors d'adopter Kôsuke et d'en faire un marchand plus tard. Mais Gen refusa, disant qu'il ne pourrait supporter d'être séparé de son fils unique après avoir déjà été séparé, par la mort, de son épouse bien-aimée. Lui, déjà peu loquace, le devint moins encore depuis ce temps-là. Le sourire se faisait rare, même en ramant. Sans recours au saké, il ne chantait plus. Même lorsqu'il chantait joyeusement, fendant la lumière de la lune au crépuscule dans la baie d'Aïgo, sa voix semblait mélancolique. Cela provenait-il du cœur de celui qui l'entendait ? Non. La perte de sa femme avait écrasé à moitié son cœur autrefois plein d'entrain. Pensant qu'il serait malheureux de laisser Kôsuke seul dans la maison abandonnée, par exemple les jours de bruine, il l'emmenait sur le bateau avec les clients. Alors, les gens éprouvaient de la compassion pour eux. Ainsi, plus d'une mère ouvrait les sacs de friandises qu'elle avait achetés à la ville seigneuriale pour les offrir à ses enfants, afin de les partager avec cet orphelin. Le père ne remerciait même pas, l'air absent ; personne ne lui en voulait, attribuant son attitude à sa trop grande tristesse.

Ainsi deux années passèrent. À peu près au moment où les travaux du port furent à moitié achevés, nous avons tous deux déménagé de l'île jusqu'ici, bâti cette maison et commencé à travailler dans notre profession d'aujourd'hui. Le flanc de la montagne fut creusé et une route fut ouverte. Devant la maison du père Gen, la route carrossable actuelle fut créée. Deux fois, le matin et le soir, les sirènes des bateaux sonnaient. La plage désertique, où l'on ne faisait même pas sécher les filets de pêcheurs autrefois, prit subitement l'aspect d'aujourd'hui. Cependant la profession de passeur du père Gen demeura comme jadis. Ses allées et venues jusqu'à la ville seigneuriale, chargeant des habitants du littoral, des insulaires, demeurèrent inchangées. Il nous semblait qu'il n'éprouvait ni joie ni tristesse à ce que cet endroit participe aux changements du monde à cause de l'ouverture du port, de l'établissement de la route carrossable, du nombre des passants comparé à ce qu'il était autrefois.

Ainsi trois ans passèrent encore. À l'âge de douze ans, Kôsuke était allé s'amuser au bord de la mer. Il se noya accidentellement et les enfants qui le virent prirent peur et s'enfuirent sans qu'aucun d'entre eux donne l'alarme. Voyant tomber le crépuscule sans que Kôsuke ne revienne, étonné,

Gen le chercha avec nous. Mais il était déjà trop tard. Le pauvre cadavre s'était accroché, par un curieux hasard, au fond du bateau de son père.

Il ne chanta plus jamais. Dorénavant il évita d'adresser la parole même à ses amis. Il semble que, si l'on passait des années et des mois sans parler, ni chanter, ni rire, chacun serait oublié du monde. Alors que le père Gen ramait comme autrefois, les habitants du littoral en étaient arrivés à oublier son existence en ce monde bien qu'ils fussent assis dans son propre bateau. Même moi qui vous raconte ceci, quand je l'aperçois quelquefois de retour, sa rame sur l'épaule, ses yeux ronds à moitié fermés, je m'aperçois alors que le père Gen est encore vivant. Vous êtes le premier qui m'ayez demandé qui il est.

Oui, si on l'appelle pour lui faire boire du saké, à la fin il chantera. Cependant le sens de sa chanson est insaisissable. Non, il ne murmure ni ne se lamente. Seulement quelquefois il soupire profondément. Ne vous semble-t-il pas misérable ? »

Ce que son hôte avait dit au professeur se résumait à cela. Le maître n'oublia pas le père Gen même après son retour dans la capitale. Par exemple, la nuit, s'il écoutait le chant de la pluie, assis près de la lampe, ses pensées s'envolaient souvent vers ce vieillard pitoyable. Il se demandait : « Que fait le père Gen en ce moment ? Est-il, ses yeux ronds fermés, à côté du foyer, tout seul, pensant aux nuits printanières d'autrefois, écoutant le bruit des vagues ? Ou bien continue-t-il de penser à

Kôsuke ? » Mais le professeur ne savait pas qu'une nuit d'hiver, quelques années après le soir où il s'était posé ces questions, et alors qu'il pensait ainsi, le grésil tombait sur le tombeau du vieillard.

Pendant que le jeune homme tournait les pages de ses souvenirs l'esprit dirigé vers la poésie, une chose plus triste encore arrivait au vieillard et elle allait provoquer sa mort. Ainsi, à la poésie du professeur, il manquait une dernière strophe.

2

L'année où les élèves de Saeki avaient accompagné le professeur de langue étrangère jusqu'au quai du port de Katsura était terminée. L'année suivante, un matin de fin janvier, le père Gen s'en allait à la ville seigneuriale pour ses affaires.

Le ciel était couvert et la neige s'apprêtait à tomber. La neige étant rare dans cette région, on peut imaginer le froid de ce jour. Les habitants de la région de Saeki, montagnards ou du littoral, ont coutume de se rendre à la ville seigneuriale pour leurs affaires à l'aide de leurs petites embarcations fluviales ou maritimes. Ainsi, des bateaux se trouvaient toujours le long de la rivière Banshô. Ses rives étaient très animées par les montées et les descentes. Les gens de la côte chantaient et les montagnards criaient. Mais, ce jour-là, elles étaient désertées. À la surface de la rivière des vaguelettes s'élevaient et l'ombre des nuages gris les couvrait. Toutes les avenues étaient abandonnées, l'extrémité des auvents restait sombre, les allées et venues avaient cessé, le sol pierreux des ruelles était gelé. Le bruit de la cloche frappée au pied de la colline-châtelée résonnait contre les nuages et ces sons mélancoliques flottaient d'un bout à l'autre de cette ville aux toits de mousse blanchie. Cela ressemblait à une pierre jetée dans un lac sans poisson.

Il est une place où une scène est dressée les jours de fête. Des enfants de familles pauvres y jouaient, le visage pâle. Quelques-uns, debout, avaient rentré leurs mains à l'intérieur de leurs larges manches. Un mendiant arriva sur la place. L'un des enfants l'appela : « Kishû ! Kishû ! » Mais celui-ci traversa sans même se retourner. Au premier abord il semblait n'avoir que quinze ou seize ans. Ses cheveux, telle une armoise, cachaient son cou et l'extrémité de son menton était pointue parce que son visage était long et de plus ses joues étaient maigres. L'éclat de ses yeux était terne et le mouvement des prunelles lent. Son regard non fixé était vague. Il portait un seul et unique kimono, court, dépenaillé à la base, mouillé, cachant à peine les tibias. De chaque côté, les coudes apparaissaient telles des pattes de criquet. Il passa en frissonnant. À ce moment-là le père Gen arrivait de l'autre côté. Tous deux se rencontrèrent au milieu de la place. Le père Gen, écarquillant ses yeux ronds, regarda le mendiant.

La voix du vieillard appelant : « Kishû ! » était basse mais grave.

Le jeune mendiant ouvrit ses yeux vagues et leva la tête. Il regarda le père Gen dans les yeux comme s'il regardait une pierre. Tous deux restèrent quelque temps immobiles, se regardant intensément.

Le père Gen fouilla dans sa manche et en sortit un récipient taillé dans un morceau d'écorce de bambou. Il y prit avec ses doigts une boulette de riz et la tendit à Kishû. Alors le mendiant sortit un bol du haut de son kimono pour la recevoir. Le donateur restait sans parole et le donataire également. Ils paraissaient tous deux n'éprouver ni joie ni peine. Kishû continua son chemin sans se retourner et le père Gen suivit des yeux sa silhouette jusqu'à ce qu'il disparaisse au coin de la place. En regardant le ciel immense il aperçut deux ou trois flocons de neige qui tombaient silencieusement. Une fois encore il regarda vers l'endroit où venait de passer le mendiant et soupira profondément. Les enfants se poussaient du coude en se retenant de rire. Mais le vieillard ne s'en apercevait pas.

Le père Gen s'en retourna chez lui au crépuscule. Bien que ses fenêtres donnassent sur la rue, il les maintenait fermées. Malgré l'obscurité habituelle, il n'alluma même pas et s'assit devant le foyer. Ses mains aux gros doigts masquant son visage, la tête inclinée il soupira. Dans le foyer [*ro*] il y avait une poignée de branches desséchées. Les flammes petites comme celles de bougies allaient de brindille en brindille, tour à tour mouraient et se rallumaient. Quand les flammes jaillissaient, l'intérieur de la pièce s'éclairait un moment. L'ombre du vieillard était projetée, agrandie, sur le mur et bougeait. Sur le mur noirci par la fumée ressortait une peinture [*nishiki-e*]. Sa femme Yuri l'avait apportée de la maison paternelle, alors que Kôsuke n'avait que cinq ou six ans. Elle demeura collée là et après une période d'une dizaine d'années elle paraissait maintenant teintée à l'encre noire. Ce soir-là il n'y avait pas de vent et l'on n'entendait pas le bruit des vagues. Le vieillard écoutait les bruits en tendant l'oreille, tels des murmures secrets entourant la maison. C'était le bruit du grésil. Le père Gen, l'oreille aux aguets, écouta quelques instants ce bruit mélancolique et promena ses yeux à l'intérieur de la maison en soupirant profondément.

Il alla sur le seuil de son logis avec une petite lampe ; le froid pénétrait jusqu'à ses os et lui, qui n'avait aucune peine à ramer dans le froid des nuits d'hiver, sentit lui venir la chair de poule. La montagne était noire et la mer obscure. À la limite de l'ombre et de la lumière il pouvait voir les flocons de neige brillants tomber. La terre gelée était dure. À ce moment-là deux jeunes gens arrivèrent en bavardant du côté de la ville seigneuriale. Apercevant le vieillard debout à sa porte avec sa lumière, ils dirent : « Père Gen, comme il fait froid ce soir ! » Le vieillard ne répondit que « oui », les yeux fixés vers la ville seigneuriale.

Continuant d'avancer, l'un des jeunes gens chuchota : « Ce soir, comme le père Gen semble pire que d'habitude ! Si une jeune fille voyait son visage, elle s'évanouirait sur-le-champ. » L'autre dit : « Il se pourrait que demain matin l'on aperçoive les pieds du vieillard pendu à une branche de ce pin-là. » Tous deux en avaient la chair de poule : en se retournant, ils ne virent plus la lumière à la porte du vieillard.

La nuit avança. La neige se changeait en grésil et le grésil devint neige. Tantôt la pluie tombait, tantôt elle cessait. Quand la lune est écartée du flanc du mont Nada et que sa lumière est camouflée par la mer de nuages, l'ancienne ville seigneuriale est comme un cimetière desséché. Il y a des villages au pied des montagnes, il y a des tombeaux au fond des villages. Les tombeaux sont éveillés à ce moment-là, les hommes sont endormis à ce moment-là. Les défunts se rencontrent dans le monde du rêve. Tantôt ils pleurent, tantôt ils rient. Juste à ce moment un homme, telle une ombre, traversa la place et passa sur le petit pont. Un chien endormi à l'entrée du pont leva la tête et, bien qu'il vît cette silhouette en arrière, il n'aboya pas. Pauvre ! Cet homme est-il sorti du tombeau ? Pour quelle rencontre et pour bavarder avec qui erre-t-il ? C'est Kishû.

L'automne de l'année où Kôsuke, fils unique

du père Gen, mourut noyé dans la mer, une mendiante était venue, errant, en provenance de la province de Hyûga. Elle arrêta ses pas dans la ville de Saeki. Elle était accompagnée d'un garçon âgé d'à peu près huit années. Lorsque la mère s'arrêtait à la porte des maisons elle recevait beaucoup d'aumônes. La charité des gens de cet endroit était incomparable avec celle des autres régions. Elle dut y prévoir un heureux avenir pour son fils. Au printemps suivant, la mère disparut on ne sait où, laissant son fils.

Selon ce que disent des gens qui sont revenus d'une visite au sanctuaire de Dazaïfu, ils auraient vu une mendiante semblable à celle-là, accompagnée d'un lutteur aux vêtements en loques demander l'aumône à côté du torii. Tout le monde disait : « Cela nous rappelle quelque chose. » Les villageois détestaient la dureté de la mère et éprouvaient une plus grande pitié pour le fils abandonné. Ainsi, il semblerait que la mère était arrivée à ses fins. Non, bien qu'il y ait des temples dans les villages, la pitié de l'homme a des limites. Ils en parlaient avec compassion, mais personne ne disait qu'il allait l'adopter sérieusement pour l'élever pendant un long avenir. Parfois quelques-uns le traitaient comme un homme en lui demandant de nettoyer le jardin, mais cela ne durait pas longtemps. Au début cet enfant pleurait après sa mère, les gens le consolaient en lui donnant des choses. L'enfant finit par ne plus penser à elle. La pitié des gens n'avait servi qu'à lui faire oublier sa mère. On disait de lui : enfant oublieux, idiot, malpropre, voleur. Bien que leurs raisons fussent nombreuses le résultat fut le même : on poussa cet enfant à l'état de mendiant et on l'enterra en dehors du monde de la compassion humaine.

Si l'on s'amusait à lui apprendre ABC, il l'apprenait, si l'on s'amusait à lui enseigner la lecture, il en apprenait un ou deux paragraphes. En entendant les enfants chanter il chantait lui aussi. Il riait, parlait, jouait — il n'avait aucune différence avec un enfant normal. Vraiment il semblait n'avoir aucune différence. D'après ce qu'il avait dit il serait né à Kishû et ainsi il fut appelé Kishû. Enfin il finit par être traité comme un objet appartenant à la ville de Saeki. Les enfants qui jouaient dans les rues avaient grandi avec lui. Ainsi son cœur fut anéanti sans qu'on s'en rendît compte. Alors qu'on pensait qu'il habitait avec nous dans le monde où luit le soleil matinal, stagne la fumée du foyer, se trouvent les parents, les enfants, les couples, les frères, les camarades, les larmes, lui, on ne sait quand, transporta son nid solitaire dans une île déserte et y enterra son cœur.

Même si on lui donnait quelque chose, il finissait par ne plus remercier, il finissait par ne plus rire. Il était difficile de le voir se fâcher, il n'était pas facile de le voir pleurer. Il ne gardait ni rancune ni joie. Seulement il bougeait, seulement il marchait, seulement il mangeait. Si quelqu'un, à côté de lui, lui demandait alors qu'il mangeait : « Est-ce bon ? » Il répondait : « c'est bon » d'une voix sans intonation. Sa voix semblait résonner dans un souterrain. Si on levait un bâton et l'abaissait juste au-dessus de sa tête par plaisanterie, son visage souriait et il s'écartait lentement. Il pouvait ressembler à un chien grondé par son maître qui s'enfuit en agitant sa queue ; mais il était différent. Il ne flattait jamais personne. Il ne convient pas de le trouver misérable avec les pensées de pitié que suscite un mendiant ordinaire. Il serait difficile de le trouver pour des yeux qui discernent quelques pauvres pitoyables qui se noient en dérivant sur les vagues mondaines, parce qu'il est celui qui marche à quatre pattes au fond des vagues.

Peu de temps après que Kishû eut traversé le petit pont, quelqu'un arriva sur la place et y promena son regard. Il portait à la main une petite lanterne. Chaque fois qu'il la promenait çà et là, par la petite ouverture de la lampe, la lumière courait, en forme d'éventail, sur les fines couches de neige brillant magnifiquement ; les contours arrondis de la lueur passaient sous les auvents sombres des maisons qui entouraient la place. Juste à ce moment un policier apparut tout à coup du côté de la rue principale. S'approchant brusquement il lança : « Qui est là ? » Levant sa lanterne il éclaira le visage. Des yeux ronds, des rides profondes, un gros nez, c'était un rameur robuste.

« N'êtes-vous pas le père Gen ? »

Le policier semblait stupéfié.

« Si, répondit-il d'une voix enrouée.

— Qui cherchez-vous au cœur de la nuit ?

— N'avez-vous pas vu Kishû ?

— Qu'avez-vous à faire avec Kishû ?

— Il fait trop froid cette nuit et je voulais l'amener chez moi.

— Même un chien ne saurait pas où est son lit et il vaut mieux ne pas vous enrhumer vous-même. »

Le policier compatissant s'en alla.

En soupirant le père Gen arriva jusque sur le petit pont. Il trouva des traces de pas juste à l'endroit où la lumière tombait. Les traces semblaient fraîchement foulées. Si ce n'est Kishû, qui marcherait dans la neige les pieds nus ? Le vieillard trotta en suivant les traces de pas.

3

La rumeur se répandit que le père Gen avait recueilli Kishû dans sa maison. Au début, ceux qui en avaient entendu parler ne le crurent pas. Puis, la stupéfaction passée, il n'y eut personne qui ne finît par en rire. Quelques-uns se moquaient, imaginant une scène de vaudeville : « Je voudrais bien voir le dîner en tête à tête de ces deux-là. » Le père Gen, auquel on pensait peu ces temps derniers, réapparaissait dans la rumeur publique une fois encore.

Sept jours environ avaient passé depuis la nuit

de neige. Le soleil couchant éclairait nettement et on voyait la terre de l'île de Shikoku au loin flottant sur les vagues. On voyait près du cap Tsurumi les voiles blanches plus ou moins hissées. Les gravelots volaient au-dessus des bancs de sable à l'embouchure de la rivière. Le père Gen était sur le point de retirer les amarres de son bateau dans lequel cinq clients étaient montés. Deux jeunes gens coururent pour le rejoindre. Ainsi le bateau fut plein : deux jeunes filles qui retournaient dans l'île, paraissant être des sœurs, portaient une serviette autour de la tête et un petit paquet à la main ; les cinq autres habitaient sur le littoral. En dehors des deux jeunes gens arrivés en retard, les trois autres étaient un vieux couple accompagné d'un enfant. Les gens ne parlaient que de la ville, lorsque l'un des jeunes gens commença à parler théâtre. La sœur aînée dit : « J'ai entendu dire que la troupe de cette fois-ci porte des costumes très beaux. Dans l'île, très peu de gens l'ont vue, mais les critiques sont très bonnes. — Non, ce n'est pas si bon, seulement cette troupe est un peu meilleure que celle de l'année dernière, dit au contraire la vieille dame. — J'ai entendu dire que chez les filles de l'île beaucoup disent que, parmi les comédiens, il y a un garçon d'une rare beauté appelé Goro Kume. Qu'en pensez-vous ? » dit l'un des jeunes gens en s'adressant aux sœurs. Celles-ci rougirent et la vieille dame rit bruyamment. Le père Gen tout en ramant ne fixait ses yeux qu'au loin. Ici encore il entendait les rires bruyants de la société avec les oreilles vides et il ne donna pas son mot.

« J'ai entendu dire que vous avez accueilli Kishû chez vous. Est-ce vrai ? demanda l'un des jeunes gens se rappelant quelque chose.

— Oui, répondit le vieillard sans se retourner

— Pour quelle raison avez-vous accueilli un enfant de mendiant chez vous ? Nombreux sont ceux qui sont intrigués et ne comprennent pas. Est-ce une trop grande désolation que d'être seul ?

— Oui.

— En dehors de Kishû, si vous cherchiez, vous trouveriez sûrement dans l'île ou sur la côte un enfant digne de rester près de vous.

— C'est vrai », intervint la vieille dame en portant son regard sur le visage du père Gen.

L'air pensif, le père Gen ne répondit pas tout de suite. Il semblait regarder la fumée s'élevant toute droite du cœur de la montagne, à l'ouest. L'extrémité de la colonne de fumée, entièrement bleue, était illuminée par le soleil couchant.

« Kishû est un enfant qui n'a ni parents, ni frères, ni maison. Je suis un vieillard qui n'a ni femme ni enfant. Si je deviens son père, il deviendra mon enfant. Ne sommes-nous pas heureux ensemble ? »

Les gens furent étonnés en eux-mêmes de ce qu'il venait de monologuer parce qu'on n'avait jamais entendu de paroles s'écouler si bien chez ce vieillard.

« Vraiment les jours et les mois passent vite,

père Gen. Il me semble que c'est hier que j'ai vu Mme Yuri debout près de la côte berçant son bébé. » En soupirant la vieille dame demanda : « Si votre Kôsuke avait été sain et sauf, quel âge aurait-il ?

— Il aurait deux ou trois ans de plus que Kishû, répondit-il sans sourciller.

— Il n'y a rien de plus difficile à déterminer que l'âge de Kishû. Il semble que même l'âge a fini par s'enterrer dans la crasse. Dix ou dix-huit ans ? »

Le bruit des rires des gens continua quelque temps. « Moi-même je ne sais pas bien exactement. Il m'a dit seize ou dix-sept. Qui le saurait assurément sinon sa propre mère ? Ne le trouvez-vous pas digne de pitié ? » dit le vieillard en se retournant vers l'enfant d'environ sept ans qui semblait être le petit-fils du vieux couple. Même sa voix tremblait. Les gens le trouvèrent pitoyable et s'arrêtèrent de rire.

« Vraiment si les sentiments qui existent entre parents et enfants naissent entre vous deux, votre avenir, père Gen, sera agréable. Même Kishû est fils d'homme. S'il devient celui qui attend impatiemment votre retour tardif à la porte, celui qui pleurera ne sera plus seulement le père Gen », dit ainsi le vieux mari, semblant vouloir arranger les choses. Ce n'était pas dit sans sincérité.

« Oui, vraiment à ce moment-là j'aurai beaucoup de plaisir. »

Cette réponse du père Gen était pleine de joie.

« N'avez-vous pas l'intention de voir cette troupe de théâtre, accompagné de Kishû ? »

L'intention du jeune homme qui venait de parler n'était pas de se moquer du père Gen, mais de faire sourire le visage des jeunes filles de l'île. Les sœurs ne faisaient que sourire, gênées devant le père Gen. La vieille dame tapota le flanc du bateau et rit en disant que ce serait très intéressant.

« Il serait inutile de faire pleurer mon enfant en lui faisant voir la pièce *Awa-no-Jûrôbe*, dit le père Gen, le visage sérieux.

— Qui est votre fils ? demanda la vieille dame d'un air innocent. J'ai entendu dire que votre Kôsuke s'était noyé là-bas », dit-elle en se retournant et en pointant son doigt vers l'ombre noire de la montagne Myôken.

Tout le monde se retourna vers ce point.

« Ce que j'entends par "mon fils" est Kishû », dit fortement le père Gen le visage rougissant en regardant vers le mont Hiko et arrêtant ses mains de tirer les rames. Un sentiment indicible, soit colère, soit chagrin, soit honte, soit joie, gonflait son cœur. Plaçant son pied sur le flanc du bateau, mettant plus de force à ramer, il commença à chanter à pleine voix.

Ni la montagne ni la mer n'avaient entendu depuis longtemps cette voix. Le vieillard qui était en train de chanter ne l'avait pas entendue lui-même depuis longtemps. Il semblait que l'étalement de cette voix traversant la mer dans le calme du soir allait s'éteindre en se ridant lentement. Les rides frappaient la plage. L'écho de la montagne répondait doucement. Le vieillard n'avait pas entendu depuis longtemps cette réponse. « Mon "moi" d'il y a trente ans, qui s'est réveillé d'un long sommeil, n'appelle-t-il pas mon "moi" d'aujourd'hui, d'au-delà les montagnes ? »

Le vieux couple admira en disant que la voix et la mélodie étaient comme autrefois. Les quatre jeunes se mirent à écouter attentivement ne trouvant pas de différence avec ce qu'ils avaient entendu dire. Le père Gen avait complètement oublié que ces sept clients étaient sur son bateau. Après que les deux filles eurent débarqué dans l'île, les jeunes gens s'allongèrent sous une couverture, les jambes recroquevillées à cause du froid. Le vieux couple donnait des friandises au petit-fils et parlait discrètement des affaires de sa famille. Lorsqu'ils arrivèrent à la plage, le soleil était déjà couché, les fumées du soir stagnaient dans le village et couvraient la plage. Il n'eut pas de clients au retour. Alors qu'il venait de passer l'entrée de la baie Daigo il sentit pénétrer en lui l'orage provenant du mont Hiko. En se retournant il vit la lumière de la planète Vénus se briser sur les vagues, puis devant lui, les feux de l'île Ônyû commençaient déjà à briller. L'ombre du vieillard qui ramait calmement se reflétait, toute noire, sur l'eau. La proue se soulevait légèrement. Le bruit de l'eau claquait sur le fond du bateau. Hélas ! Quels sont ces murmures ? En entendant sans le vouloir ces bruits de l'eau qui attirent le sommeil, le père Gen continua à penser seulement aux choses agréables. Quand les choses tristes, les soucis surgissaient dans son cœur, il secouait la tête, donnant plus de force à ses mains qui tenaient les rames. Il semblait chasser quelque chose.

« Dans ma maison quelqu'un m'attend. Il a dû s'endormir assis devant le foyer. Son cœur devrait s'adoucir au bonheur et à la chaleur de ma maison en comparaison avec le temps où il était mendiant. Il devrait ouvrir ses regards sans aucune pensée à la lumière. A-t-il déjà soupé sans attendre mon retour ? Quand je lui dis que je voulais lui enseigner la façon de ramer il acquiesça avec joie. De rester sans parole, pensif, devait être son habitude jusqu'à maintenant. Après les jours et les mois, un moment arrivera où il engraissera et où ses joues se coloreront. Mais ! Mais ! » Le père Gen hocha la tête. « Non. Non. Il est aussi le fils d'un homme, mon enfant. Je veux sincèrement écouter la voix avec laquelle il va chanter habilement selon mon enseignement. S'il a l'occasion de ramer un soir de lune en emmenant une jeune fille, il sera aussi fils d'un homme, il ne pourra pas arrêter son élan de passion qui le poussera à revoir cette jeune fille. J'ai l'œil pour découvrir ces passions-là. Je ne peux pas voir faux. »

Quand il arriva au quai, le vieillard regarda de ses yeux rêveurs les taches que faisaient les lumières des trois magasins de grossistes et qui oscillaient allongées sur l'eau. Ayant attaché son bateau, il roula la natte qu'il mit sous son bras et

il monta sur la rive sa rame sur l'épaule. Bien qu'il
n'y eût pas longtemps que le soleil s'était couché,
les magasins de grossistes avaient fermé leur
porte, aucune silhouette humaine, aucun bruit de
voix humaines. Le père Gen marcha les yeux fermés. En arrivant devant sa maison, écarquillant
ses yeux ronds, il promena ses regards alentour.

Il cria : « Mon fils, je suis de retour ! » Il déposa
la rame à sa place et entra à l'intérieur. La maison
était obscure.

« Pourquoi, mon enfant, étant de retour, n'allu-
mes-tu pas vite ? » Tout demeura silencieux. Pas
de réponse.

« Kishû ! Kishû ! » Seule la chanson malhabile
d'un grillon se faisait entendre.

Le vieillard affolé sortit une allumette, la frotta
et l'intérieur de la pièce s'éclairant tout à coup, il
ne vit rien qui ressemblât à un homme. Un instant
plus tard c'était le noir à nouveau. Une atmosphère de désolation s'éleva de la profondeur du
sol et pénétra dans la poitrine du vieillard. Il
alluma vite la petite lampe, promena lentement ses
yeux vagues alentour. La voix avec laquelle il cria
en tendant les oreilles : « Mon enfant ! », était
couverte et il semblait que même sa respiration
était oppressée.

Dans le foyer, les cendres étaient blanches et
froides. Il n'y avait même pas trace d'un souper
consommé. Il n'avait pas besoin de chercher dans
la maison. Le vieillard promena seulement lentement ses regards dans la pièce. La lumière avait

du mal à atteindre les quatre angles des murs noircis. En regardant attentivement il pouvait sembler qu'il y avait quelqu'un. Le père Gen enfonça son visage dans ses mains et soupira profondément. À ce moment-là un doute frappa son cœur, il se leva brusquement. Sans même penser à essuyer les grosses larmes qui coulaient sur ses joues, il sortit vivement de la maison en allumant sa lampe suspendue au pilier et courut dans la direction de la ville seigneuriale.

Au moment de dépasser les étincelles éparpillées dans l'obscurité par le travail nocturne du forgeron Kanida, il s'arrêta et demanda : « Dans la soirée, Kishû n'est-il pas passé par ici ? — Je ne l'ai pas aperçu, répondit l'air intrigué un des jeunes qui tenait un marteau. — Je vous ai dérangé dans votre travail nocturne. » Présentant un visage souriant il partit à nouveau en hâte. Parvenu à mi-chemin de la route rectiligne bordée d'une rangée de vieux pins dont des champs occupent le côté droit et des marais le côté gauche, il aperçut quelqu'un devant lui suivant le même chemin. Tendant sa lampe vivement il pensa que le dos révélé était sans aucun doute celui de Kishû. Celui-ci croisait ses bras sur sa poitrine et marchait plié en deux.

« N'êtes-vous pas Kishû ? » L'ayant ainsi appelé, il toucha son épaule de la main. « Où veux-tu aller tout seul ? » Il semblait mettre en ce mot tous sentiments : colère, joie, chagrin ou désespoir infini. Kishû n'eut pas l'air étonné en voyant le visage du père Gen, il le regarda comme on regarde sans prêter attention un passant debout sur le pas de sa porte. Le vieillard stupéfié ne put prononcer un mot durant quelques instants.

« Tu n'as pas froid ? Retourne vite, mon enfant ! » Après lui avoir ainsi parlé, il prit les mains de Kishû et le raccompagna. Chemin faisant le père Gen lui dit : « Tu ne pouvais peut-être pas supporter la solitude à cause de mon retour tardif ? J'avais préparé ton souper dans l'armoire. » Kishû ne prononça pas un mot et malheureusement celui qui soupirait était le vieillard.

Parvenus à la maison, il fit un grand feu dans le foyer à côté duquel il fit asseoir Kishû. Sortant le plateau du placard, oubliant de manger lui-même, il fit absorber son repas à Kishû en solitaire. Obéissant aux injonctions du vieillard, Kishû mangea même le repas de celui-ci. Pendant ce temps-là le père Gen épiait, de temps en temps, le visage de Kishû et, fermant les yeux, il soupira. Il lui dit : « Quand tu auras fini de manger chauffe-toi. » Puis il lui demanda : « Était-ce bon ? » Kishû regarda de ses yeux ensommeillés le vieillard et acquiesça légèrement de la tête. Le voyant dans cet état, le père Gen lui dit doucement : « Si tu as sommeil, dors », et il déploya lui-même le matelas, installa les couvertures sur lui. Après que Kishû se fut endormi, le vieillard s'assit tout seul devant le foyer et, les yeux fermés, il ne bougea plus. Bien que le feu s'éteignît dans le foyer, il n'ajouta pas de brindilles. La silhouette des flammes rouges se promenait discrètement sur le visage qui n'avait été exposé qu'au vent de la mer au fil des mois de cinquante longues années. Étaient-ce des larmes qui brillaient le long de ses joues ? On entendait le bruit du vent passant sur le toit, sur le sommet du pin situé près de la porte.

Le lendemain matin, se levant tôt, le père Gen fit prendre son petit déjeuner à Kishû et lui but seulement de l'eau, sans rien manger, disant qu'il souffrait de la tête et que sa bouche était trop sèche. Peu après il prit la main de Kishû en lui disant : « Vois ma fièvre. Il me semble que je suis un peu enrhumé. » Il finit par déployer le matelas et s'allongea. Il était rare que le père Gen s'allongeât pour une quelconque maladie.

« Je serai guéri demain. Viens ici, je vais te raconter une histoire. » En s'efforçant de sourire, il fit asseoir Kishû près de son oreiller et lui fit écouter plusieurs contes tout en soupirant douloureusement. Il semblait parler à un enfant âgé de sept ou huit ans. Par exemple il disait : « N'as-tu jamais vu de requin, le terrible poisson ? »

Peu après, regardant le visage de Kishû, il lui demanda : « Ne t'ennuies-tu pas de ta mère ? » Et parce qu'il lui semblait que Kishû avait de la difficulté à comprendre sa question : « Reste longtemps chez moi et prends-moi pour ton père... »

Il soupira douloureusement avant de poursuivre : « Après-demain soir je t'accompagnerai au théâtre. J'ai entendu dire qu'on joue *Awa-no-Jûrôbe*. Si je t'y emmène ta pensée ira certainement vers tes parents. À ce moment-là, prends-moi pour ton père. Ton père, c'est moi. »

Ainsi le père Gen commença à raconter l'histoire de cette pièce qu'il avait vue jadis et fit entendre d'une voix basse une chanson de pèlerinage. Puis il dit : « Ne penses-tu pas que cela soit misérable ? » tout en pleurant lui-même. Il semblait que rien ne fût compréhensible pour Kishû.

« Bon. Bon. Il est difficile de comprendre en racontant seulement. Si tu vois par tes yeux tu pleureras sûrement. »

Ayant fini de parler il soupira profondément et douloureusement. Fatigué d'avoir tant raconté il s'assoupit quelques instants. En se réveillant il regarda vers l'oreiller : Kishû n'était pas là. Tandis qu'il courait appelant : « Kishû, mon enfant ! », il vit une mendiante, la moitié du visage rougie, surgir de quelque endroit. Elle dit à son tour : « Kishû est mon enfant. » Mais tandis qu'il la regardait elle se changea en jeune fille. « N'es-tu pas Yuri ? Que fais-tu de Kôsuke ? Pendant que je dormais Kôsuke s'est enfui quelque part. Viens, viens, viens ! Cherchons-le ensemble. Regarde, Kôsuke extrait en fouillant un morceau de navet des ordures. » Il pleura à haute voix. Derrière lui, sa mère dit : « Mon enfant ! » La mère montra du doigt la scène. Sur l'estrade la lumière des bougies illuminait d'une façon éblouissante. En se demandant pourquoi sa mère pleurait, les paupières rougies, lui ne mangeait que des friandises et finit par s'endormir en posant sa petite tête sur les genoux de celle-ci. Il sentait sa mère le secouer pour le réveiller. Alors, le rêve se brisa.

Levant la tête le père Gen dit : « Mon enfant j'ai fait tout à l'heure un rêve terrible. » Il regarda à son chevet. Kishû n'était plus là.

« Mon enfant ! » appela-t-il d'une voix enrouée. Pas de réponse. Le bruit du vent qui soufflait à la fenêtre siffla bizarrement. Était-ce un rêve ou la réalité ? Chassant ses couvertures le vieillard se leva brusquement et cria : « Kishû, mon enfant ! » Les yeux retournés, il s'écroula sur sa couche. Il avait l'impression d'être tombé dans un gouffre insondable et que des vagues s'écrasaient sur sa tête.

Ce jour-là, le père Gen ne se leva pas, recouvert de ses couvertures, il ne mangea rien. Il ne sortit même pas sa tête des couvertures. Le vent qui avait commencé de souffler le matin devint de plus en plus violent et le bruit des vagues contre la plage plus fort. Aujourd'hui les habitants du littoral ne vinrent pas à la ville seigneuriale et il n'y eut pas non plus de gens venant de la ville seigneuriale jusqu'à l'île. Personne ne vint donc demander le passage. La nuit avançant, les vagues devinrent de plus en plus cruelles, les bruits faisaient penser à la destruction des quais.

Au début de l'aurore, au moment où le ciel s'éclaircit graduellement à l'orient, tout le monde se leva, mit des imperméables, alluma des lanternes ou prit des lampes et s'assembla sur le quai. Le quai était intact. Bien que le vent se fût calmé,

les vagues étaient encore hautes et la haute mer
grondait comme le tonnerre. Les vagues cla-
quaient sur la place et éclaboussaient en retombant
comme une pluie. Au cours de la ronde d'inspection des dégâts, on découvrit un petit bateau pro-
jeté au haut d'un rocher, abandonné à moitié
écrasé.

« À qui appartient ce bateau ? demanda un
homme qui semblait être l'un des propriétaires des
magasins de gros.

— Sans aucun doute le bateau du père Gen »,
répondit un jeune homme. Tous se regardèrent
sans dire un mot.

« Quelqu'un ne veut-il pas aller chercher le père
Gen ?

— J'y vais », dit en posant sa lampe un jeune
homme qui partit en courant.

À peine avait-il fait dix pas qu'il aperçut déjà
une chose étrange suspendue à une branche du pin
qui recouvrait le chemin. Le jeune homme, coura-
geux, s'approcha franchement et il vit des yeux
fixes. Le pendu était le père Gen.

Il y a un petit cimetière au cœur de la montagne,
près du port de Katsura, du côté de l'est. Les tombeaux de Yuri, femme du père Gen, et de Kôsuke,
son fils unique, s'y trouvent tous les deux. Une
stèle portant gravé : « Tombeau de IKEDA Genta-
ro » fut dressée. Les trois tombeaux sont alignés
parallèlement, celui de Kôsuke au centre, et les
nuits d'hiver le grésil y tombe. Mais, là-bas, le
jeune professeur de la capitale éprouvait une pro-

fonde pitié en pensant que le père Gen vivait encore maintenant isolé, solitaire près de la plage, pleurant en pensant à sa femme et à son fils.

Kishû est toujours Kishû. Comme auparavant il est considéré par les gens de la ville comme une chose appartenant à Saeki et comme auparavant il erre au milieu de la nuit dans cette ville seigneuriale, tel un homme sorti du tombeau. Quelqu'un lui dit que le père Gen était mort pendu, mais lui demeura les yeux fixes sur son interlocuteur.

QUATRIÈME PARTIE

Le monde est éphémère
Mais je suis joyeux

Poèmes de Sengaï

La foudre

À quoi comparer ce monde ?
La foudre !
Nous n'avons même pas le temps
De la comparer à la durée de la rosée.

À la fin du printemps 1823, je me suis promené au cap du Nord. J'ai escaladé le pic et j'ai vu quelqu'un se saisir d'un œuf de colombe. Je dessinai l'ensemble et composai une poésie :

Cou, cou ! Cou, cou !
Le couple affectueux des colombes
Se trouve sur le delta.
Quelle bonne saison !

> *Tantôt je suis joyeux,*
> *tantôt je suis mélancolique*

Une nuit, j'entends le bruit
D'un bambou que l'on tranche.
J'entends le bruit d'un bambou
Tranché d'un seul coup.

Je pense au nid des grues
Qui y demeuraient.
Le vent souffle sur la pinède.

Mont Fuji

Montagne neigeuse
Unique
Entre ciel et terre.

Le poète Saigyô (1118-1190)
contemplant le mont Fuji

Mes pensées !
J'ignore leur destination !

Tour d'adresse

L'esprit du ciel descend, descend.
L'esprit de la terre monte, monte.
La terre et le ciel font la paix.
Toutes choses vivent ainsi.

Janvier du calendrier lunaire, 1817.
Sengaï le farfelu.

En regardant le jeu d'un jongleur, ici, Sengaï réfléchit à la philosophie universelle.
Extraordinaire !

L'homme suprême n'est pas égocentrique

L'homme suprême ignore le « moi ».
En conséquence, il n'y a rien

Qui ne soit pas « moi ».
Car, il n'y a pas de « moi »
Qui se prenne pour moi.

La vie-et-mort et l'Extinction (Nirvâna) sont comme le rêve d'hier

Lorsqu'on est parvenu à l'Éveil,
On s'aperçoit que la vie-et-mort
Et l'Extinction sont un rêve.
Sans le savoir j'avais un cauchemar
À propos du Bouddha.

Deux statues

Hutte pour un puits
Destiné aux eaux liturgiques.
Statue du Bouddha de Médecine
Et statue du Grand Illuminateur
Sont hébergées.
Pin comme une vigne,
Pin long comme un serpent.

La cloche sonne

Je suis sorti d'un rêve
Au cœur de la nuit.
La cloche du temple montagnard
Sonne et la lune compte
Huit... sept... six.

Grande grotte mystérieuse

Je navigue le long de la côte.
Les nuages sont bas.
Les roches basaltiques sont
Dressées comme des colonnes,
Et elles forment une grande grotte.
Je reconnais là la grotte habitée
Par les titans Asura.
Je fais immobiliser le bateau
Et je récite à haute voix
Les Formules en agitant ma langue.

Le Cercle

D'aucuns prétendent que quatre-vingt mille
Hommes et divinités étaient réunis
Lors de l'assemblée du Bouddha
Au nombre de trois mille étaient
Aussi les disciples de Confucius.
Quant à moi, moine montagnard,
Je suis assis seul sur une pierre,
Sous les glycines et les lianes.
Je vois de temps en temps
Des nuages flottants
Passer devant mes yeux.

Comme un rêve

Comme l'incongruité est sujette à s'effacer,
Les traces maladroites de mon pinceau
Disparaissent de même.

Je représente la sieste, les plantes,
Les êtres non animés et animés,
Tout est comme un rêve.

Lecture des Enseignements testamentaires
(Rouleaux de peintures et de calligraphies)

Entre les arbres doubles
Le Bouddha offrit nettement
Le printemps vert.
Quatre-vingt mille hommes et divinités
Écoutent attentivement
Son testament en pleurant.
Voyez l'état actuel de notre École.
En terminant la lecture
Des Enseignements testamentaires
Je soupire longuement.

Par un jour de neige, mes impressions
au pavillon du Bodhisattva
« Pratique et Longévité »

Je suis réveillé par surprise
À la lumière du monde argentin.
J'ai brûlé de l'encens
Et je suis entré d'abord
Dans le pavillon du Bodhisattva
« Pratique et Longévité ».
Dans le pavillon, ce Grand Bodhisattva
(Héros d'Esprit d'Éveil)
Est assis solennellement.

On lève les yeux sur ses sourcils élevés
Et on vénère le roi des éléphants.

Décembre 1834.

Sâkyamuni sortant de la montagne

Jadis, le Bouddha a réalisé l'Éveil
À la vue d'une étoile claire
Dans la « montagne neigeuse ».
Cette clarté stellaire
Est demeurée immuable.
Mais nul n'est comme le Bouddha...

(La légende veut que Sâkyamuni ait réalisé l'Éveil à la vue d'une étoile claire à l'aube d'un 8 décembre. Pour commémorer ce fait les monastères du Zen au Japon organisent un exercice du Zen des plus stricts durant une semaine au début du mois de décembre. Cette session se termine à l'aube du 8 décembre.)

Trépied

Nous pensons à des tas de choses,
À ceci et à cela,
Mais l'esprit, le Bouddha et les êtres vivants
Sont tous trois sans différenciation.

Avalokitesvara [Seigneur qui a regardé en bas] contemple la cascade

Le « Héros de l'Esprit d'Éveil »
Est comme la lune pure,

Il joue dans le Vide total.
L'esprit des êtres vivants
Est une eau pure où la silhouette
De l'Éveil se reflète.

Hier, aujourd'hui et demain,
Le temps s'écoule comme un fleuve.
Au sein de l'eau, il y a la lune
Mais elle ne coule pas.

Le 18 mars 1833.

Bodhisattva Ksitigarbha
[en jap. Jizô, protecteur des enfants]

Six anneaux et une crosse d'or
Constituent une perle claire.
Voici, une représentation
Du Bodhisattva Jizô par Sengaï.
Sengaï lui-même est Jizô.

(Bodhisattva signifie « Héros de l'Esprit d'Éveil »
et il est proche du niveau de Bouddha.)

Deuxième Patriarche debout dans la neige

La nuit avance
Comment reste-t-il
Debout dans la neige ?
Hier et aujourd'hui
Les pruniers embaument.

Pou-tai [en jap. Hotei]

Sâkyamuni est déjà mort
Sous les arbres doubles
De la ville Kuçinagara.
Maitreya ne sort pas encore
De son palais intérieur.
Comme je suis affaibli !
Je ne vois pas Tcheou-kong
En rêve.

(Pou-tai est un moine du Tch'an (Zen) chinois du VIᵉ siècle. Il passait pour être une incarnation de Maitreya. Plus tard cette vénération prit un tour très populaire et il figure parmi les sept divinités du bonheur. Au travers de cette poésie Sengaï nous rappelle : « Le fondateur du bouddhisme est déjà mort. Maitreya, qui apparaîtra en ce monde 5 670 000 000 ans après la mort de Sâkyamuni afin de sauver les êtres vivants, n'a pas encore quitté son palais céleste. Tcheou-kong (?-vers 1105 av. J.-C., en jap. Shûkô) était homme d'État sous la dynastie des Tcheou (1122-250 av. J.-C.) et pour les confucianistes il est un homme idéal. Confucius lui-même rêvait souvent à lui. Lorsqu'il ne le voyait pas en rêve, il se sentait affaibli. » Mais, Pou-tai, débarrassé de toutes ces complications, vivait nonchalamment sans souci.)

Le précepteur Corbicula
Défense de tuer et libération des vivants

(Il est l'un des successeurs du Maître Leang-kie de Tong-chan (807-869, en jap. Tôzan Ryôkai, fondateur de l'école Sôtô.) Il ne portait qu'un seul vêtement hiver comme été et son domicile n'était pas fixe. Il ne possédait aucun ustensile et ne s'embarrassait d'aucune règle. Il avait pour habitude de pêcher des crevettes et des corbicules pour survivre, d'où le nom qui lui fut donné par les gens. Il passait la nuit dans une pagode, couché sous des billets.

Un moine voulut savoir s'il était sincère ou non. Pour cela il se dissimula lui-même sous les billets. Lorsque le précepteur Corbicula rentra au milieu de la nuit, le moine le secoua en lui demandant :

« Quelle était l'idée du Maître-Patriarche en venant de l'ouest ? »

Le précepteur lui répondit sans retard : « Saké dans la coupe sur l'autel ! »

Alors, le moine trouva cette réponse extraordinaire, exprima des paroles d'excuse et se retira.

Nan-ts'iuan [en jap. Nansen] tranche un chat

> *Tranche, tranche !*
> *Non seulement ce chat,*
> *Mais les Supérieurs de deux salles*
> *Et aussi le vieux Maître Wang.*

(Par respect, Nan-ts'iuan (748-834) est appelé aussi « vieux Maître Wang », nom tiré de celui de sa famille. Nous avons expliqué les pensées de Dôgen et de Mishima sur ce kôan dans nos *Sermons sur le Zen*, Albin Michel, 1993, pp. 38-60.)

Chien et Nature de Bouddha

Chien et Nature de Bouddha.
Ne dites pas comme Tchao-tcheou
« Néant (ou Rien) ! »
La brise printanière caresse une calebasse
Suspendue au mur est.
Si harmonieux est le son produit.

Comment Hiang-yen [en jap. Kyôgen] est-il parvenu à l'Éveil ?

Hiang-yen oublie d'un seul coup
Les connaissances.
Il transforme immédiatement
Les tuiles et les cailloux en or.
(Voir « Passe sans Porte », Règle 5).

Pou-tai (Hotei) pointe son doigt vers la lune

Si tu veux cette lune-là,
Je te la donne.
Prends-la et va-t'en !

(Conversation de Pou-tai avec un enfant :
Les tableaux, un moine entouré d'enfants qui

pointent tous leur doigt sur la lune, et les commentaires, chanson enfantine populaire, de Sengaï sont bien adaptés pour connaître l'esprit du Zen et la vie quotidienne populaire de l'époque, et ils sont intéressants aussi au point de vue ethnologique.)

> *Chère lune, quel âge as-tu ?*
> *Treize ou sept ans.*

(Chanson d'enfant) :

> *Si cette lune-là tombe,*
> *Je la ramasserai.*

(Après avoir effacé le Bouddha de leur esprit, Pou-tai et Sengaï retournent à la simplicité et à la naïveté d'un enfant qui chante.)

> *« Divinité de toujours bonne humeur »*
> *pêchant du bonheur*

> *Divinité du bonheur !*
> *Pêchez des bonheurs.*
> *Mais n'absorbez pas de poison.*

> *Vieux appelé « Longévité de la tortue »*

> *Au début de chaque année,*
> *Je me félicite longuement*
> *Jusqu'au sommet de la tête.*
> *Je me félicite, je me félicite*
> *De cet état.*

(Idées de longévité et de fécondité sont réunies chez ce vieillard phallique.)

Nouvel An

Nous vous félicitons
De vivre bien ensemble.
Nous chantons chaque premier janvier
Pour le bonheur de votre foyer.
Soyez comme une pinière
Qui vit mille ans !
Soyez vifs comme le vent
Qui y souffle !

(Un groupe de chanteurs joue devant chaque foyer pour le Nouvel An.)

Les Trois Divinités du bonheur

Buvons du thé au grand bonheur
En réunissant trois sortes de bonheurs
En une.

(Sengaï dessina ces Trois Divinités. À droite, nous voyons une daurade qui suggère une félicitation. Au centre se trouve un petit maillet duquel peuvent sortir à l'infini des pièces de monnaie. À gauche, un éventail porté habituellement par le « Vieux Longévité ».)

Voie dans la vie quotidienne

J'ai loué une hutte croulante.
En conséquence je peux contempler
La lune d'hiver.

(Grand Repos dans la pauvreté.)

Lune d'automne

Lorsqu'on appuie sur nos yeux,
Alors, on voit deux lunes d'automne.

(Il s'agit d'un jeu d'enfants. C'est pourquoi Sengaï représente ici trois enfants.)

Le cercle

Mangez-le et buvez du thé.

(Le cercle est symbole de « Complet » et l'expression « buvez du thé » indique le « Repos total sans affaires ».)

Manjusrî et Génie immobile

Manjusrî le Grand est symbole de la sapience.
Le Génie immobile est le Vainqueur des maux.

Argent

Il est difficile de gagner de l'argent,
Mais on veut en gagner.
Une fois qu'on en a gagné,

Celui qui a gagné de l'argent
Apparaît dégoûtant.
(Ironie destinée aux richards.)

Houang Tch'ou-p'ing [en jap. Ko Shohei]
métamorphose des moutons en pierres
en manipulant un fouet

Houang fouette des moutons
Qui se transforment en pierres.
Houang fouette des pierres
Qui se transforment en moutons.
Parmi vous, qui saisit ce fouet
Et tente de fouetter ces deux Houang ?

(Houang Tch'ou-p'ing : homme de l'époque
des Han, 206 av. J.-C.-220. Dès l'âge de quinze
ans, il gardait un troupeau de moutons et passa
ainsi quarante ans au cours desquels il étudia le
taoïsme. Un jour son frère aîné vint le chercher
dans la montagne et, après avoir peiné pour le
retrouver, il lui demanda où se trouvaient les
moutons. Tch'ou-p'ing lui indiqua le côté est de
la montagne. Le frère y alla et ne trouva que
des pierres. Il retourna sans atteindre son but.
Alors, Tch'ou-p'ing l'accompagna et leur cria de
se redresser. Toutes les pierres se métamorphosè-
rent en des dizaines de milliers de moutons.)

Tchong-k'ouei [en jap. Shôki] compte des pets

   Tourne-toi en direction de tes pets.

(Tchong-k'ouei, le génie vainqueur des maladies. Lorsque l'empereur Hiuan Tsong (VIIIe siècle) des T'ang se mit à souffrir d'une fièvre intermittente, il vit en rêve un petit démon et un génie vêtu comme le montre la peinture de Sengaï. Le petit démon fut capturé par le génie qui l'avala. L'empereur lui demanda son nom et le génie lui répondit : « Je suis Tchong-k'ouei. » À cette réponse, l'empereur se réveilla et sa maladie fut guérie. La calligraphie de Sengaï reproduit les paroles adressées par le génie au petit démon.)

SUGAWARA-no-Michizane (Patron des pruniers), génie de la littérature

   Lorsque le vent d'est souffle,
   Le parfum des fleurs de prunier
   S'en va jusqu'en Chine.
   Protecteur du prunier,
   Une branche à sa manche.

(SUGAWARA-no-Michizane, célèbre poète et historien, mourut en 903 à l'âge de cinquante-neuf ans. À la fin de sa vie il fut exilé en l'île de Kyûshû, à Dazaïfu (banlieue de Hakata où Sengaï demeurait). SUGAWARA était et est encore très vénéré en tant que lettré divin et un sanctuaire fut construit à Dazaïfu en mémoire de lui. De nombreux pruniers — lui qui les avait tant aimés — entourent le sanctuaire et les écoliers viennent y prier avant de passer leurs examens. Le « mochi » à la prune est une pâtisserie locale très populaire qu'ils mangent à leur appétit en oubliant le souci de l'examen.)

Pruniers

La nuit avance.
Je n'ai pas froid
Malgré les fenêtres détériorées.
Un rayon lunaire pénètre
Et je pense aux pruniers.

Bouilloire à saké

Mont Oe.
Des démons vivaient dans des grottes.
Ils s'enivraient à mort
Au saké de bouilloires.
Mais selon le buveur
Le saké se métamorphose
En poison ou en remède.

(Le mont Oe (833 m) est situé au nord-ouest de Kyôto. La légende veut que jadis des démons nommés « Gros Buveurs » aient occupé cette montagne et qu'ils causaient des tas d'ennuis aux habitants alentour. Le gouvernement de Kyôto envoya des soldats pour les combattre. Grâce à un stratagème basé sur du saké le corps expéditionnaire put les vaincre. Naturellement, à l'origine,

des brigands de cette montagne furent à la base de
cette légende.)

Calebasse

Si on offre du saké à une calebasse,
Elle suit dans leurs banquets
Les contemplateurs de fleurs
Ou de la lune.
Si on ne lui offre pas de saké,
Elle reste nonchalante et oisive.

Stèle en commémoration
de l'abandon des pinceaux

Je porte la robe noire de religieux.
Ses manches ont été attirées
Par ce port où j'abandonne mes pinceaux.
J'y laisse mes piètres calligraphies.
Les vagues blanches les laveront.

Fête du bouvreuil
au sanctuaire shintoïque de Dazaïfu

Échanger des figurines de bouvreuil
Désigne le mensonge par jeu de mots.
Ainsi, transformez vos mensonges
En piété
Alors, sans que vous ayez à prier
Les divinités vous protégeront.

(Au fond chercher le Bouddha en empruntant
soit la voie du Zen, soit celle de la croyance en

Bouddha Amida est aussi illusion, donc Sengaï s'en retourne à la vie du peuple.)

Peuple

Le cœur du peuple est honnête.
Les Divinités en sont émues.
Pluie tous les dix jours.
Vent tous les cinq jours.

Essai du pinceau en 1822.

(Certaines montagnes sont elles-mêmes vénérées en tant que divinité, par exemple le *Mont Mikasa*.)

Giboulée au mont Mikasa.
Le mont Mikasa est couvert
De nuages comme s'il portait
Une jolie robe.
La giboulée l'atteint-elle ?

Une fleur dans le jardin

Si on contemple une fleur
Avec le cœur pur,
Même une fleur dans le jardin
Peut réaliser le printemps
Du mont Yoshino,
Célèbre pour ses milliers de cerisiers.

Rêve

Les Bouddhas et les Bodhisattvas
[= Héros d'Esprit d'Éveil]
Figurent tous dans les travaux des rêves.
« Titt ! Titt ! Titt !... »
Un tigre féroce rugit,
La lune est haute sur la montagne.

Teinte par l'Amour
ou Première Rencontre

Lucioles à la rivière « Teinte par l'Amour »
Ou « Première Rencontre ».
Je ne sais pas
S'il s'agit de lucioles
Ou de l'âme de la haie de cyprès.
Je franchis la rivière « Teinte par l'Amour »
Ou « Première Rencontre ».
En languissant pour quelqu'une.

Méduse

Pensez à la méduse.
Elle traverse même
Les vagues du monde flottant.

(Paravent constitué de divers collages de cinq poésies suivantes :)

1. Nouvel An

Fête du Nouvel An à Hakata.
Chantons pour vous
Une longévité de mille ans.
Fêtons le début du printemps à Hakata
Où les pins sont plantés
Devant la porte de chaque foyer.

2. Femmes d'Ohara, banlieue de Kyôto

Je suis amoureuse.
Raillez-moi.
Ces femmes d'Ohara,
Lesquels à Kyôto sont leurs amants ?

3. Contemplation des fleurs au mont Yoshino

Même au mont Yoshino,
Lieu célèbre pour ses cerisiers,
On préfère manger
Plutôt que contempler leurs fleurs.

4. Bateau abandonné

Un bateau est amarré
Quelque temps à terre.
Il est souillé par les mœurs
Du monde flottant.
Ce bateau abandonné !

5. Paysan de retour

Un enfant de paysan est
Sur le chemin du retour.
Tout seul, il joue de la flûte.
En harmonie avec lui,
Un cerf brame.
Crépuscule au champ !

(La magnanimité de Sengaï se manifeste dans son attitude vis-à-vis d'autres écoles du bouddhisme, par exemple l'école de la Terre pure — dont le général Renondeau a traduit les principaux textes en français —, du taoïsme ou du shintoïsme.)

L'Ainsi-Venu Amida
Hiver 1828

Adoration du Bouddha Amida !
Adoration du Bouddha Amida !

À la « Première Grotte du Zen du Japon ».

(Le Bouddha est aussi appelé « L'Ainsi-Venu », car il est venu de l'Ainsité. Amida signifie « Lumière incommensurable » ou « Longévité incommensurable » et le Bouddha Amida était le plus populaire de tous les Bouddhas chez les dévots bouddhistes.)

Lao-tseu

L'éthique ne peut sauver
Le royaume des Tcheou.

La vertu ne civilise pas
Les barbares.
Tsstt ! Tsstt !
Le bovidé bleu perd son chemin.

(En Chine, sous la dynastie des Tcheou
— 1122-255 av. J.-C. — vécurent les deux grands
philosophes Confucius — 551-478 — et son
contemporain plus âgé, Lao-tseu. Ils sont mondialement connus et leurs pensées étaient opposées,
le premier étant moraliste et le second — fondateur du taoïsme — rejetant toute intervention arti-
ficielle. Le nom chinois de Lao-tseu signifie vieux
et la couleur bleue est le symbole de l'éternelle
jeunesse. Ainsi, dans cette poésie, Sengaï réunit
magnifiquement deux contraires : la vieillesse et
la jeunesse. Lao-tseu nomma son animal « bovidé
bleu » et sur le dos de celui-ci il s'en retourne
insouciant au sein de la Nature.)

Lao-tseu

Ses cheveux et sa barbe sont longs.
Il monte un bovidé nommé « Bleu ».
Vertu suprême et grande Voie.
Ce pays des Tcheou est en déclin
Et inutile.

Rêve de papillons

Les yeux et le nez sont nés du Chaos.
En rêve,

Tchouang-tseu devient-il papillons ?
Ou les papillons deviennent-ils
Tchouang-tseu ?

(La première ligne se réfère à la pensée de Lao-tseu : « Il est un Chaos dynamique, qui existe avant le ciel et la terre. » Tchouang-tseu vécut dans la dernière moitié du IVe siècle av. J.-C. Il a développé la pensée de Lao-tseu et il occupe la seconde place en importance, derrière Lao-tseu, dans la généalogie taoïste.)

Shintoïsme

Le parfum légendaire des fleurs de prunier
S'envolait vers moi.
Je sais qu'il s'agit d'un signe
Favorable de la Divinité.

L'Univers

○   △   □

À la « Première Grotte du Zen au Japon ».

(Cette figuration géométrique est mondialement connue sous le nom d'« Univers », mais Sengaï lui-même l'intitula simplement ○ △ □.

On l'interprète par une allégorie : le cercle signifie l'eau, le triangle le feu et le carré la terre.)

Cerisier fin comme un fil,
du temple voisin

J'ai attendu impatiemment la floraison
Du cerisier fin comme un fil.
Enfin elles commencent à s'épanouir !
Mais déjà elles commencent à tomber
Sur les manches de ma robe.

Le vent et le brouillard

Que le vent de l'est souffle
Pour chasser le brouillard !
Je voudrais bien entendre
La première chanson du rossignol
Que ce brouillard n'étouffe pas.

Pruniers dans un sanctuaire

Ce matin les fleurs de prunier
Viennent de s'ouvrir.
Inutile d'en casser une branche.
Le « Maître des fleurs de prunier »
Est pourvu de l'esprit.

Bambou

Est-ce un bambou nain ?
Cette espèce de bambou comestible
Pousse-t-elle plus vite ?

Gourde et volubilis des jardins

Les fleurs parfumées s'épanouissent
Et ont de jolies couleurs.
Mais matin et soir
Leur aspect change,
Sans qu'elles le sachent.

Luffa

Lorsque le vent souffle,
Le luffa est comme un cheval.
La Voie du Ciel
Elle est courbe.
Chez le luffa
Sans gêne.

(Le luffa est long comme la tête d'un cheval. Il est ébranlé par le vent, ce qui rappelle le mouvement de tête du cheval.)

Les paysans

La base d'un État est son peuple.
Les paysans sont la vie de l'homme.

Agriculteurs

Les paysans travaillent durement,
Ils plantent,
Ils fauchent,
Mais ils y éprouvent du plaisir.

Instruments agricoles

Jadis les souverains et les seigneurs
Eux-mêmes habitaient dans des chaumières.
Je ne suis qu'un humble paysan.
Ma vie repose seulement
Sur la bêche et la houe.

Fête d'éloge des rizières

Matin du 7 juillet.
Fête d'éloge des rizières !
Les fourneaux des cuisines
Du peuple affairé sont animés
Grâce à la bénédiction
De la Divinité d'éloge des rizières.
Quelle bonne rizière !
C'est ça, c'est ça !

Pins plantés devant la porte à l'occasion du Premier Janvier

Les derniers jours de l'année
Et les premiers de l'an nouveau,
Tout le ciel a une couleur printanière.
Voici une chanson ancienne de Hakata :
« Devant le fourneau de cette maison
Or et argent sont entassés ! Regardez !
Or et argent sont entassés. Regardez ! »
                    Janvier du calendrier lunaire.
            Peint et calligraphié sur commande.

(C'est une chanson populaire pour attirer le bonheur matériel.)

Essai du pinceau en 1822

L'empereur gouverne par la plume.
Il règne sur des milliers de directions.
Voilà, nous avons eu un cheval céleste
Et nous nous félicitons joyeusement
De sa longévité infinie.

Singes dans le shintoïsme

Comme les singes sont stupides !
Toute la nuit ils courent après
Le reflet de la lune
Sur l'étang Sarusawa
Alors qu'elle luit
Dans la Haute-Plaine-du-Ciel.

Singes essayant de saisir la lune

Quelle parabole
Pourrait bien expliquer la vie ?
Singes tendant une main
Pour prendre la lune
Mais l'autre main est trop courte.

Un singe essayant de saisir la lune

Une main cherche la lune.
Est-elle là ?
Ou n'y est-elle pas ?

Si, elle était là !
Mais elle n'est pas là maintenant.
Difficile de la prendre.
La lune dans l'étang Sarusawa !

(Il s'agit ici de l'étang Sarusawa de Nara. Il est de dimensions modestes (360 mètres de tour), mais des saules croissent à proximité et l'eau reflète la pagode du Kôfuku-ji — ce qui contribue à l'atmosphère très poétique du paysage. C'est pourquoi il a été souvent évoqué par les poètes. De plus, en raison de son nom (*Saru* : singe, *Sawa* : marais), Sengaï semble l'avoir apprécié. Dans ses eaux, vivent beaucoup de carpes et de tortues. Les gens de Nara le plaisantent ainsi : « Les poissons occupent 70 % de l'étang et l'eau 30 %. »)

TABLE

AUTRES OUVRAGES
de Masumi Shibata

Passe sans Porte (Wou-men-kouan), texte essentiel Zen, Éditions traditionnelles, Paris, 1963.

Tôkyô et ses Environs, les Guides Bleus illustrés, Hachette, Paris, 1964.

Le Kojiki (Chronique des choses anciennes), Maisonneuve et Larose, Paris, 1969.

Les Maîtres du Zen au Japon, Maisonneuve et Larose, Paris, 1969.

Sugata, Sancshirô, traduction intégrale du roman de Tomita Tsuneo, Plée, Paris, 1966.

Dialogues dans le Rêve, traduction intégrale du texte du moine du Zen Musô, Maisonneuve et Larose, Paris, 1974.

La Submersion du Japon, traduction du roman de Komatsu Sakyô, Albin Michel, Paris, 1977 ; Philippe Picquier, 1996.

Écrits sur les Cinq Roues (Gorin-no-sho), traduction intégrale du texte de Miyamoto Musashi, Maisonneuve et Larose, Paris, 1977 ; collection "Spiritualités vivantes", *Traité des Cinq Roues*, Albin Michel, Paris, 1983, 1990.

Les Monnaies japonaises d'or et d'argent du XVIe au XIXe siècle, traduction du texte de Takekawa Hisanori, Édition Trismégiste, Paris, 1981.

Introduction à l'hindouisme tantrique, traduction du texte d'Arthur Avalon, Éditions Dervy-Livres et Trismégiste, Paris, 1983.

Les Maîtres du Tch'an (Zen) en Chine, volume I : L'Éclosion, Maisonneuve et Larose, Paris, 1985.

Mystères de la sagesse immobile, du Maître Takuan, Albin Michel, Paris, 1987.

Sermons inédits sur le Zen, Livre I : "Shôichi, Musô, Takusui", Éditions traditionnelles, Paris, 1987.

Nuages fous, du Maître Ikkyû, Albin Michel, Paris, 1991.

Moi, bouilloire à portée de main, du Maître Hakuin, tome I, L'Originel, Paris, 1991.

Sermons sur le Zen (Réflexions sur la Terre pure), Albin Michel, Paris, 1993.

Zen et Samouraï, du Maître Suzuki Shôsan, Albin Michel, Paris, 1993.

MOA, Enseignements (27 volumes), traduction intégrale, Atami, Japon.

Lâcher les mains au bord du précipice, Hakuin, tome II, L'Originel, 1996.

Dans les monastères Zen au Japon, Maisonneuve, 1997.

La Saveur du Zen, poèmes et sermons d'Ikkyû et de ses disciples, Albin Michel, Paris, 1998.

L'Éveil subit, Houei-Hai, suivi de *Dialogues du Tch'an*, Albin Michel, Paris, 1999.

EXTRAITS DU CATALOGUE

Spiritualités vivantes / poche

Essais sur le bouddhisme zen, première série, Daisetz Tei-taro Suzuki (n° 9).
— *Id.*, deuxième série (n° 10).
— *Id.*, troisième série (n° 11).
La Pratique du zen, Taisen Deshimaru (n° 25).
Zen et arts martiaux, Taisen Deshimaru (n° 38).
Satori. Dix ans d'expérience avec un Maître zen, Jacques Brosse (n° 41).
Questions à un Maître zen, Taisen Deshimaru (n° 44).
Zen et vie quotidienne, Taisen Deshimaru (n° 47).
Le Trésor du zen, Maître Dôgen, traduit et commenté par Taisen Deshimaru (n° 54).
Le Bol et le Bâton, cent vingt contes zen racontés par Taisen Deshimaru (n° 59).
L'Autre Rive, textes fondamentaux commentés par Taisen Deshimaru (n° 67).
Le Chant de l'immédiat Satori, Yoka Daishi, traduit et commenté par Taisen Deshimaru (n° 99).
L'Anneau de la voie, Taisen Deshimaru (n° 110).
Moine zen en Occident, Roland Rech (n° 123).
La Vision profonde. De la pleine conscience à la contem-plation intérieure, Thich Nhat Hanh (n° 131).
La Respiration essentielle suivi de *Notre Rendez-vous avec la vie*, Thich Nhat Hanh (n° 139).
L'Enfant de pierre et autres contes bouddhistes, Thich Nhat Hanh (n° 143).
Le Silence foudroyant. Le Soutra de la Maîtrise du Ser-pent suivi du *Soutra du Diamant*, Thich Nhat Hanh (n° 151).

Le Zen et l'art de Hakuin, Kazuaki Tanahashi.
Transformation et Guérison. Le Sûtra des Quatre Établissements de l'attention, Thich Nhat Hanh.
Enseignements sur l'amour, Thich Nhat Hanh.
Changer l'avenir. Pour une vie harmonieuse, Thich Nhat Hanh.

Carnets de sagesse

Paroles zen, Marc de Smedt et Taisen Deshimaru.

Achevé d'imprimer
sur presse Cameron
*par **Bussière Camedan Imprimeries***
à Saint-Amand-Montrond (Cher),
pour le compte des Éditions Albin Michel.

Achevé d'imprimer en mars 2000.
N° d'édition : 18940. N° d'impression : 001296/1.
Dépôt légal : mars 2000.